幸福度No.1★「沖縄移住」でワクワク楽園生活！

ツテなし・カネなし・資格なし ゼロからはじめた私の方法

沖縄マインズ株式会社代表取締役
峯田 勝明

合同フォレスト

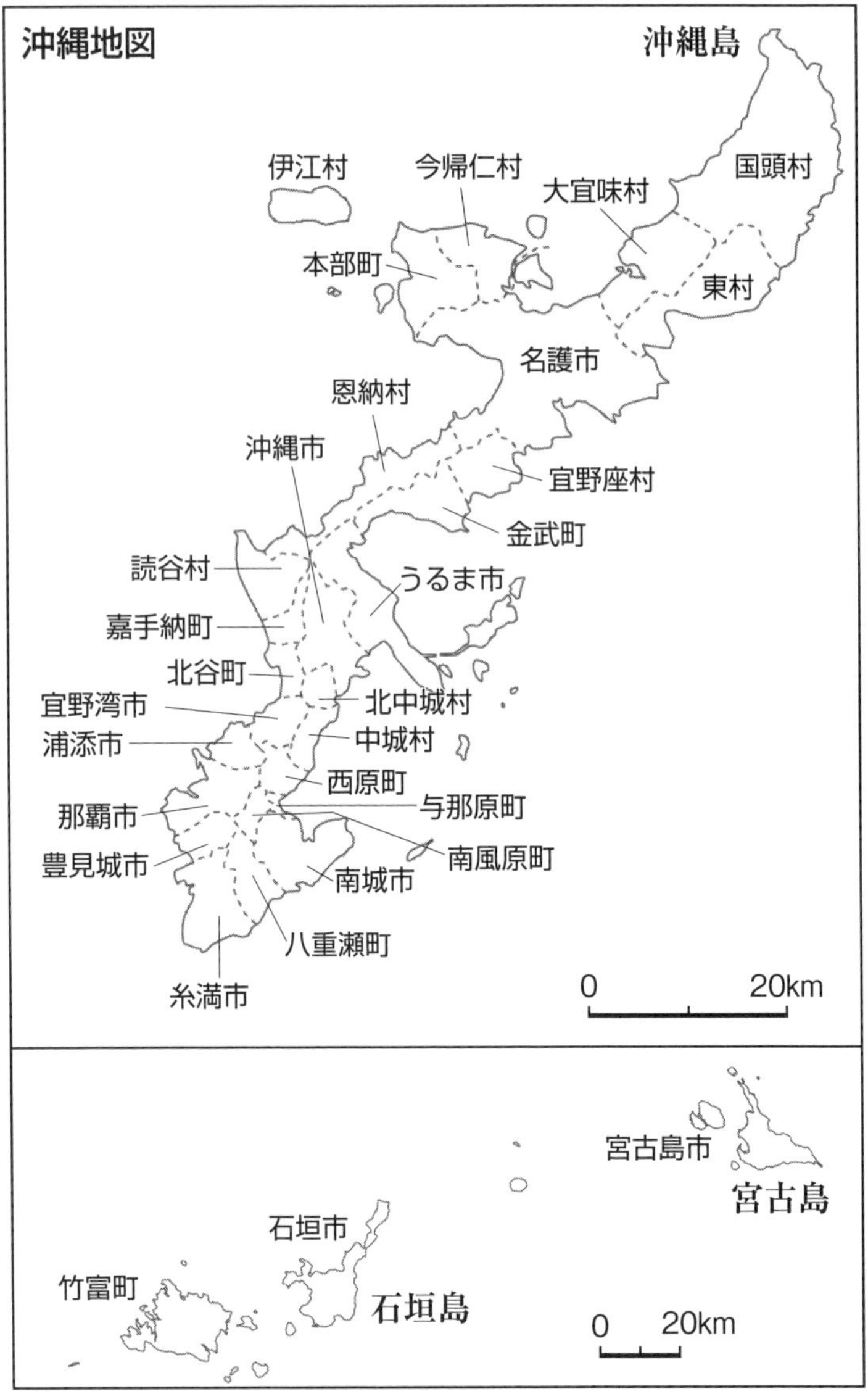
沖縄地図
沖縄島
伊江村
今帰仁村
大宜味村
国頭村
本部町
東村
名護市
恩納村
沖縄市
宜野座村
金武町
読谷村
うるま市
嘉手納町
北谷町
北中城村
宜野湾市
浦添市
中城村
西原町
与那原町
那覇市
南風原町
豊見城市
南城市
八重瀬町
糸満市
0
20km
宮古島市
宮古島
石垣市
竹富町
石垣島
0
20km

はじめに

いま、また沖縄への移住がブームになってきたようです。

私は、4年前に茨城県から妻と子ども3人で沖縄県の沖縄市に移住しましたが、当時は「移住なんてお金持ちの老後のことだろう」と思っていました。いまでは、もっと早く移住していればよかったと後悔しています。

沖縄は、全島どこでも世界中のダイバーが憧れる美しい海があるリゾート地です。ボリューム満点の300円弁当を買って、人影もまばらな涼しい海風が吹くビーチの木陰で食べれば、嫌なこともすぐにふっ飛んでしまう。海に足を入れればカラフルな魚が寄ってきます。

3人の子どもも広い空の下、伸び伸びと育っています。人を元気にするパワーが沖縄にはあります。その人が生まれながらにもっている潜在的なパワーを、沖縄の海・空・大地が引き出してくれるのかもしれません。

昔は、休日に家族を連れて、せっかく都会から離れたリゾート地に行ったのに、高速道路の渋滞に巻き込まれ、逆に疲れてしまったことがあります。翌朝、グズる子どもを放り出すように保育園に預け、満員電車を乗り継いでさらに疲れを溜め込んでいました。

近くに住んでいながら何年も会っていなかった友だちに、「沖縄に引っ越したから遊びに来て」と誘うと、本当に喜んで来てくれる。沖縄を心からよいところと思っているので誘いやすいし、航空会社さえ選ばなければ、運賃も安くすませることができます。


私が沖縄に家族で移住したことを知ると、うまく都会で生活を送っている人からも、

「どのようにすれば沖縄に移住できるのか」

「暮らしていくうえで何が大変なのか」

「家族の理解をどのようにして得たのか」

「台風は怖くないか」

「基地問題は生活とどう関わっているのか」

「うまくいくなら沖縄に生活の拠点を移したい」

などと沖縄移住についての意見が多数寄せられました。

それならば、本気で「沖縄移住計画」を考えている方々に向けて、わが家の移住生活を紹介しようと思い至りました。

友だちも身寄りも大きな財産もなく、沖縄へ移住してきた私たち家族。

失敗や困ったこともありますが、いま、人生を楽しみながら生活しています。

いまの居住地での生活には限界を感じているが、さまざまな心配が先にたって、移住に踏ん切りがつかないあなた。

本当は移住したいのに、家族への説得ができずに悩んでいるあなた。

この本を読めば、きっと前向きに考えられるようになります。

私は、移住に対して過剰な期待もなく、しっかり目標を立てて行動したわけでもありませんでした。不安な気持ちはもちろんありましたが、試行錯誤しながら何とか生活しているわが家の経験が、少しでもみなさんのお役に立てればと思います。

いろいろな本を読んでみると、「人生最大の失敗は、やっておけばよかった、と思うことである」と、よく書かれています。

一歩踏み出す勇気さえあれば、沖縄の綺麗な青い空と海は、あなたと家族のものです。

峯田　勝明

もくじ

第2章　沖縄で住むところ

第3章　沖縄の交通事情

第6章　沖縄の気候

第7章　沖縄で起業してみる

第8章　沖縄の生活情報

第1章

沖縄へ引っ越す前にやること

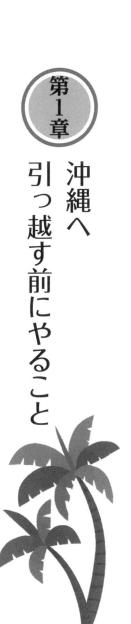

◎1　移住の理由は放射能――反対する妻を説得することは無理？

家族の同意を得るというのは、何をするにも必要不可欠で大変なことです。移住に限りません。人は現在手にしているものがなくなることに対して、かなりストレスを感じます。現在の生活よりもよくなるという希望がなければ、しかも具体的にイメージできなければ、現在の生活をいきなり変えることには相当な抵抗があるでしょう。

当時、わが家は茨城県の猿島郡にありました。私の移住提案は、東日本大震災後の「福島第一原発事故による放射能被害」からの避難というものだったので、妻への説得は困難でした。

「見えない、あったとしてもどこに存在しているのかわからない」

「『ただちに影響はない』というものの、もしかしたら甚大な影響があるかもしれない」

「そんな放射性物質に、自分より大事な3人の子どもだけでなく、さらには孫や曾孫までもが危険にさらされるかもしれない」

とりあえず避難しておいて、後で何もなければ「馬鹿だったな」と笑ってすませられます。しかし、逆だった場合には取り返しがつきません。

そんな思いから移住の提案をしたのですが、妻に受け入れられるはずもありませんでした。

何て自分は不甲斐ないのだろう。しっかり自営業を軌道に乗せて、もっと経済的に自立していれば、説得もスムーズにいったかもしれません。経済的な基盤が貧弱な私には、移住に反対する妻を説得することは無理でした。


妻は3人目の子どもを自宅で出産しました。妊婦が主体の助産師による介助や出産前後のアドバイスにより、病院での出産より格段に楽な出産を経験した妻は、「助産師になりたい」と決意し、2年間学校に通い、ちょうど東日本大震災があった2011年3月に卒業し、助産師の資格を取りました。

学校に通っていた2年間、保健師として勤めていた病院を休職しましたが、さまざまな援助を受けました。病院に戻ってから2年間は助産師として働くことを条件に、病院から貸与された奨学金の返済が免除される約束もありました。

子どものために移住や避難をしたかったのですが、「お世話になっている病院を裏切るようなことはできない」という妻の気持ちもよく理解できました。

放射能による健康被害はイメージしにくいですが、移住後の生活苦で惨めな思いをする姿はすぐにイメージできます。私には3人の子どもを育てる責任もあります。奨学金という借金のうえに移住によって数百万円という大金が一気になくなってしまうのは、現実的に大きな問題です。お金の工面や、移住後の生活を想像しながら計画を練るのは、実際問題かなりのストレスでした。

新聞、TVなどで、「ただちに影響はない」と、ひっ迫した状況には思えない報道が繰り返し流れていました。ガイガーカウンターで測っていなければ、その言葉を信じてしまっていたかもしれません。ガイガーカウンターでは公表されているよりかなり高い数値が出て、とても不安を感じました。

そうはいっても、「引っ越した後、生活が不便になったりはしないか？」「ほかの土地からいきなり引っ越してきた自分たち家族を受け入れてくれるのだろうか？」という不安もありました。また、いままでの友だちや居場所を失う子どもの気持ちも考えてあげなければいけません。子どもにも、いまの土地で一生懸命築いた生活の場があります。それを取り上げられて納得するでしょうか。

移住先でいじめられでもしたら、私は一生恨まれます。放射能被害を考えると、それぐらいですむのはよいほうかもしれませんが……。でも、放射能被害のことは言えませんでした。言えば、「そんなに危ないのだったら自分の友だちはどうなってしまうの？」などと、説明に困る質問が返ってくるでしょう。


いままでの生活より悪くなるようなところへ行きたくないのは当然です。ちょっとやそっとの理由では、納得はできないでしょう。突然の避難という移住計画が受け入れられるのは、被害が目に見えてわかるときだけなのかもしれません。

自営業をはじめたばかりのときでしたから、「金や生活のことは心配するな！」と、格好よく言えないのが辛いところでした。移住となれば、ゼロどころかマイナスからのスタートをしなければなりません。

何より、自分自身が移住に対して、ワクワクするようなよいイメージを抱いていないことが問題でした。そんな私の言うことなど、誰が聞くでしょうか。

しかし、ひょんなことから中途半端な立場が一変し、移住の方向に話が向かいます。

◎2　夫の話は聞かないが、友人の話は聞く妻

「もし子どもを本当に守りたいと思うのなら、自分と子どもだけでも西日本のどこか片田舎に住んで、半自給自足のような生活をすればいい」

そんなことも考えながら半年ぐらいの時間が経ちました。面白いもので（本当は面白くない！）、妻は私が言うことにはまず反対しますが、友だちが言うことには耳を傾けるのです。妻の友だちは、横浜の家をさっさと処分して福岡に移住したということでした。その話を聞いた妻は（じつは、シッカリしている人なので）、移住を実行に移すために動き出しました。

移住先で自分が就職するためにいろいろなところとコンタクトを取り、私とは違い、きちんと下調べをして、メリットとデメリットを整理していました。

そして驚いたことに、半年前とは反対に、妻のほうから「一緒によい方法を考えよう」と私を説得しにかかってきたのです。

選択肢の一つに、海外移住がありました。じつは震災直後から、「こちらの情報ではそち

らは危険な状態だから私の家に逃げて来い」と言ってくれたドイツ人の友人がいたのです。また、昔、妻がボランティアを通じてお世話になったアイルランドの障害者施設や、妻の妹のご主人の海外赴任先なども考えられました。

しかし、海外の候補はいずれも一時的なもので、しっかりとした仕事や生活の基盤がつくれない可能性が高いので却下しました。

一方、妻の友人が移住した、九州地方に行くことを念頭に置いて仕事を探していたところ、偶然、妻のお産をしてくれた助産師のメーリングリストの情報から、沖縄市で開業間もない産婦人科クリニックが助産師を募集していることがわかりました。

ここから、考えてもみなかった沖縄への移住の道が一気に開けてきたのです。

沖縄と聞くと、日本でありながら日本ではないような、どこか浮世離れした南国の島というイメージがあります。私には、住むというより観光をするところとしか考えたことはなく、米軍基地が幅を利かせて、問題が起きても何も文句が言えず耐えるしかない、というイメージもありました。

何より給料が安く、子どもの学力が全国最下位。本土の人が行っても信用してもらうのに何年もかかるかも？　いや、一生信用してもらえないのでは？　台風が毎年何個も直撃するんだろうな、など、多くの不安が頭をよぎりました。

しかし、自分がこれまで生活してきた環境は本当に安心なところだったのか？　きちんと比較していないことに気付きました。自分が生まれ育った埼玉県川口市や、高校時代慣れ親しんだ東京の下町界隈などでは、イジメがあり、ちょっとツッパって歩けば目が合ったと言って喧嘩になり、おとなしくしていればカツアゲされるなど、所々に危険スポットがありました。

移住直前まで住んでいた茨城県猿島郡では、自治会の行事に参加しても「新住民」などと言われて区別されていました。大手スーパーが進出し、個人商店はつぶされ、散々荒し回った挙句に撤退……。さらに不便になる有様でした。

大手企業で働いた経験があるとはいえ十分なキャリアや実績もなく、自営業をやっていたので、扱いにくいと思われたのか、条件のよい就職口はありませんでした。仕事があっても非正規雇用やブラック企業など、安月給で使い捨てられるようなところでした。10年以上も不況が続いていた当時、多くの地方都市が多かれ少なかれ同じような問題を抱えていたと思います。

ところが沖縄では、火山が噴火したり、放射性物質が降ったりするような、対処不可能な危険はあまりありません。台風による被害は、予報によって前もって対処することができます。

本州よりも近い台湾や韓国、北朝鮮、中国にも原発はあるにせよ、他国の悪い情報というのは、ある程度正確につかむことができます。

そう考えてみると、同じ給料で生活をするのだったら、南国のリゾート地のほうがストレスフリーでより豊かな生活ができるのではないか？

そう思うことができるようになりました。そしていま、私は沖縄生活を楽しんでいるのです。

◎3　沖縄移住のメリットとデメリット

移住のメリットとデメリットをきちんと比較してみると、考え方によってはいままでの生活が非常に悪い条件で我慢を強いられていたり、将来に展望がなかったりすることに気付きます。

とりあえずいまは何とかなっていると、それを手放したくない心理が働くため、新しくはじめることについては否定的になりがちですが、移住しないデメリットをあえて考えてみることもよいかもしれません。

【メリット】

沖縄移住のメリットは、火山活動によるリスクが少ないことです。原発事故があった福島県からは日本で一番遠く、そもそも原子力発電所がありません。

そのほかにも、たくさんのメリットがあります。

・スギ花粉がない
・リゾート地で生活できる
・気温の変化が少ない
・生活費が安い
・人が優しい

【デメリット】

デメリットは、米軍基地があることです。つい最近も、米軍属の殺人事件がありました。そのほかにも、数々の事件や事故が起こります。普段はフレンドリーな兵士が多いのですが、酒を飲むところでは気を付けたほうがよさそうです。また、沖縄中部地方の嘉手納基地付近では、戦闘機の騒音などはすさまじく、電波障害でTVも映らなくなるほどです。

そのほかでは、次のようなデメリットもあります。

・直撃する台風が多い
・食べ物が口に合わない（かもしれない）
・給料が安い
・地域に受け入れられない（かもしれない）

以上をおおまかに見ると、「ストレスなく暮らすメリット」と「経済的なデメリット」を天秤にかけて、より多くのメリットを見出せれば、素敵な移住生活がイメージできるのではないでしょうか。そうすれば、デメリットについても「これだけのメリットが手に入ったのだからしょうがない」と思えてきます。

【時間の流れ】

沖縄では、時間の流れがゆったり感じられます。

毎日の車での通勤時には、気の利いた音楽でも聴きながら、エメラルドグリーンの海と海風になびくパームツリーが視界の横を流れていきます。

国道を車で走っているだけで、自分が映画で見たワンシーンのなかにいるようで、気分は最高です。

【スギ花粉症】

スギ花粉症に悩んでいる人なら、その時期は頭が重く、息苦しいマスクをして、鼻水は抵抗なく水のように垂れ続け、目は取り出して洗いたいぐらいではないでしょうか。

私も妻も、スギ花粉症の症状は年々ひどくなる一方でした。

ところが、沖縄にはスギの木がほとんどないのでスギ花粉のことなんて忘れてしまいます。私たちにとって、花粉症からの解放感は計り知れないメリットでした。

喘息だった子どもの発作がなくなった、という話もたくさん聞きます。

【気温】

関東では、冬の早朝は車の窓が凍るほどの寒さになります。車のエンジンをかけて車内を暖めるため、家のなかからリモコンで操作する人もいるかと思いますが、そのような人は沖縄にはめったにいないでしょう。

沖縄では、冬に10度を下回る日もありますが、北部以外では年にほんの数日しかありません。逆に夏の最高気温はせいぜい32～33度ぐらいです。木陰に入って風が吹いていれば比較的涼しく過ごせます。真夏でも本土のように40度近くまで気温が上がることはありません。高台で風通しがよい場所では、エアコンがない家もあるくらいです。

【就職】

沖縄移住最大のネックと思われるのが「就業問題」です。

沖縄の「失業率」と「平均所得」は全国ダントツでワースト1位です。多くの開けた土地が米軍基地になっているため、大規模な工場や商業施設などが建てられず、全国的に一流といわれる企業はあまりありません。働く場所がなかなかないうえに、ようやく見つけても給料が非常に低いのです。米軍基地によって沖縄は成り立っているといわれてきましたが、どうも反対のようで、米軍基地が返還されれば、基地跡地の活用と観光で沖縄経済は発展するという学術研究がいくつもあるそうです。

横のつながりをまったくもたない本土からの移住者にとって、就職先と収入が最大の障壁かもしれません。

2015年度の年収の全国平均は約437・9万円です。これに対して沖縄県の平均は約355・6万円でした。単純計算すると、沖縄に移住すれば、給料がいままでの8割程度しかもらえないということになります。

沖縄に移住した人たちの実感としては、「8割どころか給料半減!」という言葉をよく聞きます。沖縄の人たちでも県内に仕事がないので、季節労働や工場の期間従業員などの出稼ぎに県外に出る人が多数いるのです。

物価は安いといわれますが、給料が下がった分を補えるほど安いわけではありません。条件のよい部屋を希望すると、家賃はそれなりに高くなります。また、沖縄への輸送費は高額な場合が多いので、ネットやカタログショッピングでは注意が必要です。何もかも本土と同じ生活をするのではなく、何を大事にするのかを決めて、我慢できるところは節約をする工夫が必要です。

◎4　移住費用を事前に計算しておく

当たり前ですが、沖縄には必ず海を渡らなくては行けません。そこが普通の引っ越しと違うところです。「引っ越し」と言わずに「移住」という言葉になるのも、海を渡らなければならないところから来ているのかもしれません。

引っ越し料金はとても高くつくので、まず、いらない荷物はなるべく処分しておきましょう。思い入れのあるものや特別高価なもの以外は、現地で買ったほうがよいです。とりあえず、ほとんどのものは沖縄にも売っています。

家具などもアメリカ軍人が使っていた一点物の素敵な中古アメリカン家具が宜野湾市の大山地区などに売っています。趣味が合えばとてもよい買い物ができるでしょう。

大手の家電量販店も進出しているので、電化製品も特段に高いわけではありません。

私の場合、移住する1年半前に買った冷蔵庫や洗濯機でさえも処分して、現地の家電量販店で買い揃えました。

新しい電化製品のほうが省エネで将来的に電気代が安くなります。また、エアコンなどは塩害に強い沖縄仕様の室外機のタイプでないと、すぐに錆びて故障してしまいます。

引っ越し料金は、運ぶ量や距離、業者によっても値段が違います。一概にいくらとは言えません。事前にネットなどによる一括見積もりもありますが、現場を見ないと正確な見積もりはむずかしいと思います。ネットで概算を出したら、目をつけた複数の業者に現場に来てもらって値段交渉するとよいでしょう。時期によっても値段が違います。3～4月のハイシーズンは高くなります。

荷物を運ぶ場合は、車と一緒に荷物を詰め込んで船で送る方法があります。

私は、5ナンバーの普通乗用車と軽自動車を送りましたが、両方ともワンボックスタイプの乗用車だったので荷物を満載して船で送りました。後から飛行機で沖縄入りし、那覇新港に引き取りに行きました。

ワンボックス車でも、貨物車の4ナンバーや1ナンバー登録では料金が高くなります。

わが家では、宅配便では送れない荷物をピックアップして優先的に車に詰め込みました。走行するときに後方が確認できるギリギリくらいまでです。あとはゆうパックで送る方法が一番安くすみました。

車へ荷物を積み込むときの注意点は、船がかなり揺れる場合があるので、重いものはなるべく下に、潰れてほしくない軽いものは上にして、揺れても荷物が動かないように、なるべく隙間なく積み込むことです。

重いものを上に積んでしまうと重心が高くなり、揺れが大きいと不安定になり、最悪の場合、車が横転してしまいます。下にある荷物も潰れてしまいます。

荷物を下手に積むと、傷がついて壊れたり、車の窓ガラスが割れたりすることもあります。安い運賃での輸送の場合では、そのようなときの補償がありません。

助手席に荷物を置く場合は、窓の横やドアミラーが見えるようにして、シートベルトやロープで固定します。運転中や輸送中に運転席に転がらないようにシッカリ固定しましょう。小さい荷物でも、転がってブレーキペダルと床の間に挟まったりしたら、ブレーキペダルが踏み込めず、大事故につながりかねません。

私は、窓ガラスと荷物の間には、柔らかくクッション性のあるものや厚手のタオル、毛布などでガードするほか、荷物を積んだ上に布団や毛布などを広げて敷き、ある程度揺れても飛び散らないように工夫して送りました。

■乗用車輸送運賃（全長4メートル以上5メートル未満）

航路	会社名	普通車運賃
東京有明埠頭←那覇新港	橋本通商	59500円
	ドライブコンシェル	60990円
	マリンカーゴ沖縄	61000円
大阪←那覇新港	橋本通商	55000円
	ドライブコンシェル	58990円
	マリンカーゴ沖縄	60000円
鹿児島←本部港	マルエーフェリー	80750円
	マリックスライン	80750円
	本部港→那覇港に変更	+6150円
東京→沖縄 ドアtoドア	代行.net（東西海運）	77112円～
	三菱自動車ロジテクノ	109600円～
	ヤマトホームコンビニエンス	110700円～
大阪→沖縄 ドアtoドア	代行.net（東西海運）	77112円～
	三菱自動車ロジテクノ	105000円～
	ヤマトホームコンビニエンス	110700円～

料金は取材時時点のものなので参考程度に、最新の料金は業者にお問い合わせください。

◎5　引っ越し前の手続き

沖縄は外国ではないので、パスポートやビザ、国際免許証などは必要ありません。しかし、東京からざっと1600キロも離れた南の果ての島なので、「あっ、あれを忘れた！」などといって戻るには費用も時間も莫大にかかります。とはいえ、手続きは国内の引っ越しと同じです。経験者も多いと思いますが、念のためもろもろの手続きを確認しておきましょう。

【転出届】
旧住所の役所に、引っ越しの1カ月前から転出する日までに転出届を出し、転出証明書をもらいます。引っ越しして14日以内に新住所の役所に提出するので、紛失しないように注意しましょう。印鑑登録、国民健康保険、年金、各種手当てなどの手続きもすませましょう。

【幼稚園・学校】

幼稚園児、小・中学生のいる世帯は、まずは学校などへ相談します。いろいろな書類のやりとりが必要です。

【保育園】

沖縄の保育園の待機児童数（特に那覇市近辺）は、東京に次いで多いそうです。申し込みは前年の10月中旬ごろには締め切ってしまいます。待機者は多いのですが、たまたま空きが出たりして、状況によっては入れることがあるかもしれません。就職先が決まっていれば、就職先の会社から頼んでもらえるか聞いてみましょう。懇願書のような文書を書いて提出するなど、あきらめずに問い合わせてみましょう。

【郵便物】

旧住所の管轄の郵便局に新住所を知らせておけば、1年間郵便物を新住所に転送してもらえます。手続きは「e転居」というWEBサイトからも可能です。

【電話】

固定電話はＮＴＴの１１６に電話して新・旧住所を伝えて工事日を決めます。この機会にインターネットの契約を見直してみましょう。必ずしも固定電話をもたなくてもよい人は、使用休止や解約を検討してもよいでしょう。携帯電話も住所変更手続きをしておきましょう。ちなみに沖縄県の携帯電話シェアトップはａｕです。

【電気、水道、ガスなど】

電気、水道、ガス、ＮＨＫ、新聞、定期購読物などは、早めに連絡して停止日を伝えましょう。

【銀行】

口座の住所変更、公共料金の引き落とし停止などをしておきます。沖縄県の都市銀行は、みずほ銀行那覇支店しかありません。ゆうちょ銀行にお金を移しておくと無駄な手数料がかからずに貯金を引き出せます。最近はイオン系のスーパーやショッピングモールも多く、イオン銀行もよいかもしれません。ただしＡＴＭは多いものの、窓口業務は沖縄ライカム店にしかありません。

◎6　引っ越し後の手続き

引っ越し後の手続きをまとめておきます。

【転入届】

旧住所の役所からもらった転出証明書を、引っ越ししてきた日から14日以内に提出し、転入届をします。罰則もあるので早めに手続きしましょう。

印鑑登録、国民健康保険、年金、各種手当てなどの手続きもすませましょう。

障害者手帳をおもちの方もおられるでしょう。転入先の役所の福祉課に行って住所変更の手続きをすれば、県外の手帳でも使えるようになります。運転免許証の住所変更や車の住所変更などで住民票や印鑑登録証明書が必要になる方は、このときについでに取っておきましょう。

【運転免許証・車庫証明書】

所轄警察署に新住民票を提出し、住所変更をします。車の住所変更が必要なら、このときに車庫証明書を取る手続きをしておきましょう。大家さんや地主さんの了承を得た証明書類を添付して申請します。現場の確認も必要なので、書類ができるまでには何日も時間がかかります。

【車の住所変更】

浦添市の陸運事務所で行います。住民票、車検証、車庫証明書、手数料納付書、自動車税・自動車取得税申告書、申請書、印鑑が必要です。書類を書くのが面倒な場合、手数料はかかりますが、代書屋さんがあります。自分で古いナンバープレートを取り外し、新しい沖縄のナンバープレートを取りつけるので、ドライバーセットが車載工具にあるか確認しておきましょう。車の住所変更は、車庫証明書を取ることを含めて手続きが一番面倒かもしれません。時間に余裕がない方は、近くの自動車ディーラーや整備工場などに頼むのもよいでしょう。

【クレジットカードなどの手続き】

生命保険や自動車保険等の損害保険、クレジットカードなども忘れずに住所変更をしておきましょう。特にクレジットカードは旧住所に更新したカードが送付され、宛名人不在で返送されると、カード会社から解約されてしまうことがあります。

【犬の登録手続き】

犬の飼い主が別の市区町村に引っ越しする場合は、交付された鑑札と注射済票を持参して、引っ越し先の市区町村での手続きが必要です。犬の登録は一生に1度だけでよいので、登録の変更だけとなり、原則として手数料はかかりません。

◎7　就職が決まってから移住したほうが安心

引っ越しだけでも多額の出費になってしまう沖縄移住。もちろん、それに見合うだけの魅力が沖縄にはあります。

ただ、年金や働かなくても収入源がある人の場合は問題がないのですが、そのような収入源がない私のような者が移住する場合、どんなに節約しても多くのお金が飛ぶようになくなっていくので大変です。貯金に余裕があったとしても、無収入ではいつかは底をついてしまいます。

【就職と保育園】

子どもが小さい場合、両親が働いていないと保育園で預かってもらえません。

もし、沖縄に移住してから就職活動をしようと考えている方は、小さい子どもがいると面接や試験に行くこともなかなかむずかしく、保育園を探すのも一苦労です。

そういう事情からも、できれば移住前に両親の就職が決まっているのがベストですが、とりあえず夫婦のうちどちらかでも働いていれば安心でしょう。貯金の減る額が緩やかになり、生活に余裕もできるでしょう。せっかく移住してきたのに就職できずに、結局戻るということだけは避けるべきです。

【有効求人倍率】

沖縄の有効求人倍率は全国最下位で、0・5～0・7ぐらいです。厳しいのが現状です。

ただし現在は業種によってはよくなりつつあります。２０１４年度の有効求人倍率は、ＩＴ系の専門技術職は１・１６、観光などのサービス業は１・１３でした。

もし、先に移住してしまったのなら、あまりのんびりしている時間はありません。「今週はあまりよい求人がなかったから次の求人に期待しよう！」などと言ってはいられないでしょう。

私の場合、妻が先に就職が決まっていたため、次の就職への準備にじっくり取り組めました。そのおかげで、中高年で未経験にもかかわらず意外とよい就職口が見つかりました。

移住して最初に就職するときは、転職することになったとしても、前の職場での経験がしっかりしたキャリアになることが理想です。

焦って、納得できないまま自分の能力を発揮できない職についてしまうと不満が溜まりますし、キャリア形成ができていないと次に転職するときにマイナスになってしまいます。

そのようなことがないよう、先々まで考えて納得のいく就職をしたいものです。

第2章

沖縄で住むところ

◎1　事前の下見はウィークリー・マンスリーマンションで

住むところを決めることは重要です。しかし、住まい選びのむずかしいところは、実際に住んでみないとわからないことがたくさんあることです。

「昼間に見に行ったときは気に入ったけれど、住んでみたら、昼間には目立たなかった近所の居酒屋が騒がしく、朝方まで眠れなかった」

「海のそばで普段はとてもよい環境だと思っていたら、台風のときにもろに波をかぶり、車やエアコンの室外機がすぐに錆びついてしまった」

「近所付き合いが濃厚すぎて疲れる」

「近所の仲間に溶け込みづらい」

などなど、住んでみないとわからないことがたくさんあります。いくらよいところがあっても、こんな不満が出てきたら、がっかりしてしまいますね。

では、どうしたらよいのでしょうか？

まず、これだけは譲れないという優先順位1番を決めましょう。その条件さえクリアしていれば、ある程度の不満は不思議と気にならないものです。

「ダイビングやサーフィンのお気に入りのポイントに近い」

「子どもに理想の教育をしている学校の学区内」

「職場に近い」

などです。この優先順位1番は絶対に譲らないようにしましょう。

また、できれば移住前、実際に住むつもりで下見に何回か行くことをお勧めします。そうすれば、「こんなはずではなかった」と思うことや、つまらないトラブルで我慢することは少なくなるでしょう。

できれば、季節ごとに実際に暮らす感覚で風土や気候を確認しておけば、自分に合った地域であるかどうかを見極められるでしょう。

もしも、ちょっと長めの滞在をして住む場所を決めるなら、たとえば那覇市街などならウィークリーマンションやマンスリーマンションが充実しているので利用することをお勧めします。

キッチンや洗濯機といった生活必需品が完備されていますし、近くのスーパーで買い物をして料理するなど、実際に住むのに近い体験ができます。ただ、夏場は利用客が多いので、早めの予約が必要です。

最近は民泊やAirbnbが話題ですが、大手宿泊予約サイト「じゃらん」や「楽天トラベル」でも、居住用マンションやウィークリーマンションで、宿泊施設として申請・許可が取られた部屋を1泊から借りることができます。

下調べを徹底しても、わからないこともあります。

私の場合、茨城県に住んでいたとき、「このようなことはこういうところへ相談するとよかったのだ」「こんな抜け道があったのだ」「こんな店があったのだ」など、10年経ってはじめてわかったことがたくさんありました。

住めば住むほどわかっていくことが多いのです。

沖縄でもそうです。私は沖縄に移住して足掛け4年ですが、それでもまだまだよいところも悪いところも次々と出てきます。

しかし、じつはそれが楽しみなのです。

よいことではなく、悪いことだけが目に付くときもあります。そのときの心境や状況によって、よいと思ったこと、悪いと思ったことが、時が経ってみると変わることもあります。落ち着いて客観的に見たり、立場が変わったりすることで、正反対に感じることも少なからずあります。

たとえば、子どもの保育園・幼稚園に近いから便利な場所だと思って選んでも、子どもが成長して小学生・中学生になったら、その場所は不便になるかもしれません。職場が近いからと選んだ場所でも、職場が移転したり、転職したりしたら不便な場所になるかもしれません。

私の場合、住むところは妻の職場に近いところに決めていたので、選択肢はなかったのですが、引っ越しをした移住1日目は、家に荷物をざっと運び込んだだけで、安いゲストハウスに泊まりました。そして、そこのオーナーと話をしたり、近くの居酒屋で地元の料理を食べたりして、これから住む町の雰囲気を味わいながら、店の人たちや常連さんからいろいろな情報を教えていただき、最初の沖縄の夜を楽しく過ごしました。

昼間は閑散としている沖縄市のかつての繁華街だったコザの通りも、さすがに夕方からは人通りも増え、ネオンがたくさん灯ります。

◎2　摩訶不思議で親切な不動産屋さん

では、実際に沖縄での住まい選びはどのようなことに気を付ければよいか。沖縄ならではの住宅事情を説明していきましょう。

【不動産屋さんはいいかげん】

沖縄ではたいていの不動産屋さんが細かいことを気にしません。

「時間は守らない」

「約束事も守らない」

「仕事も雑で信用できない」

そんな声もチラホラ聞こえてきます。

これは、亜熱帯気候の島特有の風土で暮らす人々の、長年の暮らし方に起因するものかもしれません。年中紫外線が強くて蒸し暑く、いきなりスコールが降ったりする島で、気楽に他県に行くこともできない濃密な人間関係のなかで暮らしていますから、言葉は悪いですが、「いいかげん（よい加減）」が生きる知恵なのかもしれません。

沖縄に昔からあるような不動産屋さんは、だいたいが「いいかげん」です。かつては、そんな不動産屋さんも「本土のお客さんはなんで怒っているのだろう？」と、客から注意されている意味がわからずに、「本土の人は怖い」と思っていたようです。それでも最近は移住者が多くなり、スーパーや飲食店などでも接客が悪いときやミスしたときにきちんとした対応がなされ、かなり改善されてきています。

沖縄の人は、ミスした人に対して、「ここぞ」とばかり圧力をかけたりすることはありしません。車に乗っていてクラクションの音を聞くこともめったにありません。本土の都会のように、「お客様は神様だ。言うことを聞け！」などとすごんだり、無理やり謝らせるようなこともありません。

「沖縄の人は優しい」と感じるのは、そのような「いいかげん」な下地があるからかもしれません。

ですから、物件探しでは、こちらが当たり前と思っていることが通用しないときがあることを踏まえ、うまく主導しながらよい面を引き出すように付き合いましょう。そうすれば、よい物件に出合える確率も上がるのではないでしょうか。

不動産屋さんは大家さんとの仲介をする人なので、大家さんも「いいかげん」だと余計に厄介になりますが……。


【物件探しの2つの注意点】

では、沖縄での物件探しの注意点を2つ挙げましょう。

①やり取りはＦＡＸと電話で

メールでのやり取りは、通用しないことも多いので注意が必要です。

インターネットでの情報提供はあるのですが、大手以外ではやっているところが少なく、情報が古い場合が多いようです。ホームページがあっても更新していなかったり、メールを毎日見ていなかったりする場合も多いです。ＦＡＸや電話でやり取りしたほうが確実です。

特に若いＩＴ世代のなかには、大事な仕事の報告・連絡・相談でもメールを送っただけで、相手が何時でもすぐ確認するのが当たり前と思っている人がいますが、それは通用しないはずです。

相手のことが見えない以上、「相手のＰＣやスマートフォンにトラブルが起きているかも」「担当が今日は病気で休みかも」「重大なトラブルがあってメールを確認している余裕がないかも」などのケースを考えるべきです。

ＦＡＸでもメールでも、特に大事な案件は、送ったものが担当者に届いているかを電話でお互いに確認し合うのがビジネスマナーのはずです。送りっぱなしでは、「連絡をとった」とは言えません。

特に沖縄には昔ながらの個人事業のようなところが多いので、大企業のような洗練された応対を期待しないほうが落胆せずにすみます。その代わり、マニュアルどおりではない、素朴な対応があるかもしれません。ここが一番困ることでもありますが、悪気がないことがほとんどなのです。

②必ず下見をする

間取りをＦＡＸで確認し、雰囲気や条件を電話で聞いただけで「即決」すると、後悔することになるかもしれません。ネットやＦＡＸの写真は完成したばかりのものを使っていて、現状とはかけ離れていたりすることもあるので、よほど急いでいる場合以外は下見をしたほうがよいでしょう。

訪問する前に希望のエリアや間取りなどを伝えておけば、いろいろな物件を用意しておいてくれます。突然行っても見られる物件は限られます。

また、せっかく遠くから下見に行くのに、不動産屋さんが約束を忘れていたり、準備をしていなかったりすることもあるようなので、3週間前、1週間前、3日前、前日など、事前の確認はしつこいほどやりましょう。多いに越したことはありません。

◎3　浴室はあっても浴槽がない？

ここで、もう少し沖縄の住宅事情をお伝えしましょう。

①「浴室」と書いてあっても安心できない

最近の新しい建物は浴槽がついていることも多くなりましたが、一昔前の沖縄には風呂に浸かるという習慣がなく、広い浴室はあってもシャワーだけで、浴槽のない物件がほとんどでした。

浴槽が置けるだけの広いスペースがあるのがまた不思議なところで、本土の感覚では、「まさかシャワーのためだけにこんなに広いスペースはとらないだろう」と考えてしまいます。

また、トイレの床はタイル張りが多いです。

本土の家の場合、トイレの床は木材を使っていることが多いのですが、沖縄はアパートでもコンクリートづくりがほとんどなので、店舗のトイレのように排水溝がついたタイル張りが多いのです。

トイレの床までジャバジャバ水洗いできるので私はよいと思うのですが、トイレで本を読むなど長居するのが好きな人には、タイル床のヨソヨソしさが不評でしょうね。

また、ウッドタイルと書いてあると、温もりのある木材のフローリングをイメージしますが、あくまでも本土の人間の勝手なイメージで、沖縄でいうウッドタイルとは、木の模様のコンクリートパネルのことで、木材のフローリングではありません。冬場はカーペットを敷いて冷気を防ぐ人もいるくらい、とても冷たいタイルです。

②アンテナプラグがあってもアンテナ本体がない？

アンテナのプラグを確認して、ＢＳの文字があっても、ＢＳアンテナがあるとは限りません。

下手をすると、地上波のアンテナがついていないということもありえます。アンテナがついていて当然というのは、あくまでも本土の人間の勝手な思い込みなので、現場での確認が必要です。

現場で確認しないで、後で文句を言っても「アンテナがついているなんて、一言も言っていませんよ！」と大家さんに反論されて終わるだけです。

「きちんとＴＶが映るようになっているのか？」「アンテナがあるのか？　なければ入居までに取り付けてくれるのか？」というところを不動産屋さんに確認しましょう。

③駐車場２台目は別料金？

車社会である沖縄の場合、那覇以外では駐車場込みの家賃が多いようです。

ただ、「駐車場２台」と書いてあっても、「どのような車種でどこにどのように停めることになるのか？」「２台分の料金が含まれての値段なのか？」まできちんと確認しないといけません。

実際は、「2台目を停められるスペースがあるだけで別料金だった」とか「2台目は軽自動車しか停められなかった」など、契約後にわかって困ることがあります。

こんなことにならないように、細かい契約事項にも注意しておきましょう。

④海が見えるマンションの最上階は最高？

「このマンションの最上階からは海が見えます」

こんなことを言われたら、思わず心がグラッときてしまうかもしれません。しかし、眺めがよくても、ほかの面で悪いこともあるのです。

昼間の太陽の照りつけは容赦なく、マンションの最上階は熱がこもり、クーラーが効かないほどの暑さになることもあるようです。

それでも眺めを優先したい場合は、ベランダが広くて軒が長い物件を選ぶとよいでしょう。直射日光が入らず、台風の風雨の影響も和らげてくれます。

沖縄は湿度が高く、特に古いアパートや新築の物件（コンクリート内部の水分がまだ残っている）はカビが繁殖しやすいので、1階は避けたほうがよいかもしれません。

ベランダは一般に格子状に穴が開いているところが多く、風が通りやすくなっています。窓の位置や数など、風通しのよさなどもチェックしておきたいところです。

◎4　1階に飲食店があると大変?

1階がテナントになっていて、特に飲食店が入っている物件には注意が必要です。たぶん、好きな人はいないであろうゴキブリが出る確率が高いからです。

しかも、沖縄のゴキブリはとても大きくたくましいのです。自分の部屋だけを綺麗にして、いくら燻煙殺虫剤を焚いたとしても、無駄骨になるかもしれません。

余談になりますが、大きいといえば大人の掌ほどもある大きさで、タランチュラのようなクモを見たことがあります。そのクモは害虫を食べてくれる益虫なのですが、嫌いな人は悲鳴を上げるかもしれません。

雨が降ると道路などによく出てくるヤドカリのような大きいカタツムリを「マイマイ」といいます。寄生虫を仲介することもあるので、素手で触ってはいけません。触ってしまったら、必ず念入りに手を洗いましょう。

飲食店が1階になくても、近所に飲食店がある場合、風向きによっては臭いが気になることがあります。窓を開けられなかったり、洗濯物を外に干せなかったりする場合もあるようです。昼間は目立たなくても、夜になると看板が出て居酒屋などの営業がはじまることもあります。音に敏感な人は夜遅くまで眠れないかもしれません。そのあたりもチェックするといいでしょう。

◎5　本土とはちょっと違う「保証人制度」

【引っ越し先の住所】

賃貸契約書に間違いがあると大変です。もしも引っ越し先の住所が間違っていたら、引っ越し手続きができません。引っ越し手続きは、沖縄の不動産屋さんで契約書をつくってもらい、現在住んでいる市区町村の役所に沖縄に転入するための書類をつくってもらいます。それを沖縄の引っ越し先の役所に提出するのですが、転入先の住所が間違っていると手続きができません。もう一度現在住んでいる市区町村の役所に書類を出してもらわなければならなくなります。

不備があって戻るとなると、本土内の移動とは違い必ず海を渡って行かなければなりません。いくらLCCが増えて航空機のチケット代金が下がったとはいえ、時間もお金も馬鹿になりません。

【保証人制度】

「沖縄ならでは」の賃貸物件の保証人制度があって、沖縄在住の人を保証人に立てなければいけない場合があります。なかには2人以上というケースもあるようです。

本土の人がトラブルを起こして帰ってしまった場合、大家さんや不動産屋さんは高い航空機代金や時間を使ってまで請求に行くことができず、泣き寝入りするしかなくなってしまいます。昔そのような目に遭った人が多かったのでしょう。それを考えると仕方のない制度かもしれません。しかし、最近では保証協会ができました。親族の判子があり、一定の代金を支払えば代理で保証人を引き受けてくれます。

例外の物件も多くあるようですが、一応頭に入れておきたいポイントです。

◎6　どの地域に住めば便利か？

一口に沖縄といっても、地域によって随分雰囲気が違います。ライフスタイルの基本は住むところで決まりますから、地域の雰囲気も大事にしたいところです。

最近は、全国的に見ても少子化の影響で自治体の存続が問題となっています。自治体のなかには、移住ブームに乗って、移住者や子育て世代に優遇措置を取っているところも多いようです。

ただ個人的には、優遇措置ばかりに比重を置きすぎないで、それがなくても住みたいと思える場所を選ぶほうが最終的によい結果が得られるように思います。

では、沖縄のいくつかの地域の特色をご紹介しましょう。

①沖縄の中心部・那覇市

【那覇市内】

那覇市は、空港があり、沖縄の玄関口です。県庁所在地でもあります。便利で快適な都会暮らしができます。首里城や国際通りなどの観光地、大型ショッピングセンター、さまざまなお店、病院、役所、会社、学校など、すべてが狭い地域に密集しているため、東京よりもかえって便利かもしれません。

綺麗な海水浴場「波の上ビーチ」もあります。しかも、「ゆいレール」という沖縄で唯一の電車が空港から首里まで通っているので、車のない人にとってはお勧めエリアでしょう。また、車社会の沖縄では、朝夕は国道58号や国際通り周辺は大渋滞が起こるので注意が必要です。

【新都心地区】

那覇市内でも、国際通りや県庁付近は昔から経済の中心地で、県内の主要な企業の本社や行政機関が集中しています。しかし、アメリカ軍用地の返還に伴う再開発で「新都心地区」ができたため、そちらに人気が移りつつあります。今後、モノレールが延びてくる計画もあり、ますます発展が期待されており、新築物件も多いです。

沖縄らしさはあまり感じられないし家賃も高めですが、生活に便利な都市部がよい人にはお勧めです。

【首里地区】

首里城のある首里地区は、琉球王国時代の首都で政治と文化の中心だったところです。いまだに首里に住んでいる人のなかには特権階級意識が強い人がいるらしく、「那覇に住んでいる」とは言わず、「首里に住んでいる」と言います。国際通りなどに行くときには、「那覇に行って来る」などと言うようです。

首里の人と仲良くなりたければ、そのような意識を尊重してあげなければいけないでしょう。ほかの町にはない、しっとりとした歴史ある風情が残っています。

【真和志（まわし）地区と小禄（おろく）地区】

真和志地区は、昔からの住宅街です。

那覇空港がある小禄地区は、年配者のなかには田舎という意識があるらしいのですが、最近はモノレールの開通や大型ショッピングセンターの進出もあって、都市化が進んでいます。

②那覇市に隣接するベッドタウン

【浦添市】

新都心の隣の浦添市は、那覇市よりゴミゴミしていなくて落ち着いて暮らせます。通勤・通学・買い物が便利なうえ、緑や公園が多く、家賃も安く生活はしやすいといえます。那覇で仕事をする若い新婚カップルなどに人気があります。国道58号線や国道330号線などの幹線道路があり、若者向けのショッピング施設がある北谷町（ちゃたんちょう）や、マリーナが併設された宜野湾のコンベンションセンターにも行きやすいです。高速道路のインターチェンジにも近く、中・北部へのアクセスもよい地区です。

以前は観光スポットがあまりないところでしたが、外国人住宅だった集落が改装されてお洒落なカフェが立ち並び、新たな観光スポットとして注目されています。２０１０年に米軍施設が返還された跡地にできた北中城村のイオンモールや、やはり米軍施設の返還に伴う再開発地区、北谷町のアメリカンビレッジといった成功例のように、今後返還される予定の浦添市の米軍港湾施設に大型ショッピングモールをつくる計画も進行しているようです。

【西原町】

西原町は那覇の東側にあります。国立琉球大学があるほか、附属の病院もあるので持病のある人にとっては安心です。学生向けの安くて手ごろなアパートがあるほか、病院周辺には患者の家族向けの短期滞在需要から、ウィークリーやマンスリーで借りられるアパートがあります。

高速道路の西原インターチェンジがあるので、中・北部に行きやすいです。国道329号線で東海岸沿いを走れば、沖縄市やうるま市などへも抜けられます。

【豊見城市(とみぐすくし)】

那覇市の南側に位置し、空港に近く、アウトレットモールができて、都市開発が進行中です。那覇市のベッドタウンとして住宅や団地が続々と建設されていますが、のどかな田園風景も残ります。那覇へのアクセスがよく、風光明媚でパワースポットが多いことから、最近の移住者に人気のところです。生活するにはまったく問題はないでしょう。ただし国道を使って中・北部へ行くには、那覇の渋滞を通らなければなりません。

【南風原町（はえばるちょう）】

南風原町は、沖縄で唯一海に接していませんが、行きたければ綺麗な海がどこにでもある沖縄ですから何の問題もありません。ウルトラマンをつくった脚本家・金城哲夫が生まれた町で、資料館があります。かぼちゃと琉球かすりという織物が特産品です。農業が盛んでのどかですが、那覇市に隣接し、大型ショッピングセンターやシネマコンプレックス、高速のインターチェンジもあり便利な町です。家賃はそれほど高くないので住むには穴場といえるかもしれません。

【宜野湾市】

便利でリゾート気分も味わえるのが宜野湾市です。那覇中心部まで車で20分ほどの都市型リゾート地区です。海岸沿いにはマリンレジャーが堪能できる大きなマリーナやビーチがあり、コンベンションセンターの近くには大型ショッピングセンターもあります。病院、学校、さまざまな飲食店も揃っています。国道58号線沿いの大山地区には、アメリカンテイストのお店が並び、米軍のユーズド家具やインテリア雑貨が手に入ります。国道330号線沿いは住宅密集地で、安いアパートもたくさんありますが、真ん中に普天間基地があり、市を分断しています。

【南城市】

沖縄南部にある南城市は、太平洋に面した風光明媚な地区で、豊かな自然に恵まれています。景色のよいカフェがいくつもあります。沖縄最高の聖地、最近はパワースポットとして有名な斎場御嶽（せーふぁうたき）や神の島とよばれる久高島がありますが、観光客でごった返すことはほとんどありません。基本的には、沖縄らしいゆったりした暮らしをしたい本土からの移住者に人気があります。市内には高校がなく、普通高校なら市に隣接する知念高校（与那原町）や向陽高校（八重瀬町）があります。

③アメリカ軍の基地が多い沖縄中部

【沖縄市】

沖縄市は、アメリカ空軍の嘉手納基地に隣接しています。アジアで1番広大な基地で、スペースシャトルの着陸もできるといいます。朝鮮やベトナムの戦争時は基地の門前町として栄えました。いまも音楽、食文化、ファッションなどに影響を及ぼしている「沖縄チャンプルー文化」の中心街です。かつては「コザ」と呼ばれていました。嘉手納基地のゲート2につながる空港通りやパークアベニューなどにはフィリピン、中華、インドなどの料理店や質屋、テーラー、刺繍、刺青の店、ライブハウスなどがあります。アメリカ、アジア、そして沖縄の文化が混じり合った国際色豊かな独特の雰囲気。白人、黒人、黄色人が闊歩し、ちょっとした飲食店やスーパーではドルでの支払いも可能なので、移住者なんていう括りで煙たがられることはまずないのではないかと思われます。かつての繁華街の名残が災いして再開発ができず、いまではシャッターを閉ざす店が多くなってしまいました。町おこしの企画もあり、物件も安いので、狙い目かもしれません。泡瀬地区に人工ビーチやサーキットができる計画もあるそうです。

【読谷村（よみたんそん）】

読谷村は、那覇から国道58号線を北向きに車で30〜40分くらいの位置にあり、通勤圏内です。自然が残り天然の美しいビーチが多く、夕日が綺麗で、特にサンセット好きの移住者や外国人に人気のエリアです。しかし村の半分近くが基地で占められています。集落は親類縁者の血縁でまとまっていることが多いため、閉鎖性がありり疎外感を覚えてしまう移住者もいるといわれています。村民はシャイな性格の人が多く、こちらからの積極的なアプローチが必要かもしれませんが、一度仲間になってしまえば頼もしい味方になってくれるでしょう。

【北谷町（ちゃたんちょう）】

北谷町は、週末は渋滞もできるほど若者に人気の町です。国道58号線の西側にビーチが広がり、基地返還に伴って再開発された美浜地区は県内外の若者や観光客にも人気の地区です。アメリカナイズドされた雰囲気のショップがたくさんあり、映画館に飲食店、観覧車までもが立ち並びます。砂辺の防波堤では、夕暮れ時に人が集まって綺麗なサンセットを楽しんでいます。

スキューバダイビングでも有名で、初心者でも安心して砂地、岩礁、珊瑚などさまざまな景観や魚群が楽しめます。多くのダイビングショップやカフェなどが並び、マンションもかなり建設されています。米軍基地に近いので、アメリカ人も多く、外国人住宅の物件も豊富にあります。国道58号線の東側は住宅密集地で高台になっているので、手ごろな価格で海の見えるアパートが見つかるかもしれません。

【北中城村（きたなかぐすくそん）と中城村】

北中城村と中城村は、北中城村ライカム（かつての琉球米軍司令部Ryukyu Command headquartersの略）にあった米軍専用「泡瀬ゴルフ場」の返還に伴う再開発で、大型ショッピングモールができて人気です。高速のインターにも近く、海外観光客も殺到していて注目されている地区です。両方の村が協力し、世界遺産の城跡でロックフェスティバルが行われるなどイベントにも熱心なところです。

西に下れば北谷町の西海岸へ、東に下れば東海岸の中城湾へ、北は沖縄市に隣接しています。

ショッピングモールの近くには、屋上へリポートがある救急施設の整ったリゾートホテルのような病院があり、今後、多目的アリーナ施設やスポーツクラブ、村民体育館、ＬＰＧ（液化天然ガス）サテライト施設などが整備される計画があります。海抜90メートルという立地で津波の心配もないことから地域防災の拠点と目されています。中城湾には２０１６年の４月からクルーズ船が寄港しており、海外の観光客需要によるますますの発展が期待されています。

【うるま市】

うるま市には、金武湾と中城湾に突き出た勝連半島（与勝半島）と8つの島があります。伊計島・宮城島・平安座島・浜比嘉島・藪地島の5島は海中道路や架橋によって結ばれていて、ドライブコースとしても人気です。海中道路には、カイトセーリングやウインドサーフィンなどのマリンスポーツ愛好家が集まります。

旧具志川市や旧石川市あたりは沖縄市に隣接し、住宅も多く、大きなショッピングセンターなどもあり生活に便利です。

【恩納村(おんなそん)】

恩納村は沖縄リゾートの中心です。那覇まではギリギリ通勤圏内、高速道路使用で40分ほどかかります。朝の渋滞が激しく、那覇まで通勤するならかなりの覚悟が必要です。

生活のための施設はほとんどありませんが、観光客向けの施設は十分すぎるくらいあります。美しい風景があり、リゾート気分が満喫できるマリンレジャーのメニューも豊富に揃っています。

④ゆったりした時の流れのなか、手つかずの自然で暮らすなら北部

【名護市】

沖縄自動車道最終地点の許田インターが名護市の入り口です。那覇から高速道路利用で1時間半ぐらいの距離にあります。都市機能が揃っている北部の中心都市で、中心部にはマンションや大型ショッピングセンターも立ち並び、ほとんど生活に不便は感じません。空港はありませんが、病院や大学などほとんどの都市機能が揃っていて、県の出先機関もあるのでパスポートも取得できます。北部の大自然を楽しむためのベースにするのにはよい地域です。

近々、大型テーマパークができる予定もあります。美ら海水族館のある本部町までは車で30分ほどの距離です。

【国頭村（くにがみそん）・大宜味村（おおぎみそん）・東村】

「やんばる」と呼ばれる雄大な大自然以外何もない村です。あえて大自然の厳しさに向き合いながら不便な暮らしを楽しみたいという人にお勧めしたい秘境の地です。

最近では大自然のなかでお洒落なカフェや有機栽培の農家を目指して移住する人も多く

いるようです。手つかずの大自然と共生し、現代人が忘れてしまった便利さ以上の大切なものを感じることができます。アパートは絶対数が少ないようで、一軒家を借りるほうがよいようです。

第3章

沖縄の交通事情

◎1　運転マナー、悪気はないけどそれが大問題

沖縄に来てまずビックリすることは、運転マナーの悪さです。マナーの悪い人はどこにでも少なからずいるものですが、「沖縄ではマナーのよい人のほうが少ないのではないか？」と思うことがとても多いのです。

ウインカーを出さずにいきなり割り込み、こちらに強いブレーキをかけさせたうえ、前をいつまでものろのろ走られるのはしょっちゅうです。こんな嫌がらせのようなことをやるのは、よっぽど喧嘩がしたいヤンキーのような輩かと思い、恐る恐る横に並んでどんな人か見てみると、普通のおばさんだったりベビーシートに赤ちゃんを乗せた若いお母さんだったりすることが多いのです。

彼女たちは窓ガラスに黒い色のスモークフィルムを貼り、顔を隠すように運転席や助手席の横にまでレースのカーテンなどをつけていることがありますが、じつは強い紫外線から肌を守るためにやっているようです。

そのような車がいても、クラクションを鳴らして「危険な運転だ！」とほかの車が注意

を促すことは少ないし、そもそも昔からそのような運転をしているので、それが当たり前になっているようです。

こんなマナーの悪さの背景には、免許の試験のゆるさがあるのかもしれません。

米軍統治下だったころは、免許の試験は米軍基地内の空き地などで「スタートしてパイロンを1周回ってきて停めたらＯＫ」みたいな簡単なものでパスできたといいます。その後にできた教習所も、高速教習は交通量が少ないガラガラの高速道路でやっています。

沖縄には細い道や坂道は多いのですが、電車の線路を横切る踏み切りなど、緊張するところは少ないのです。

教官は強面に見えても、話すととても優しい人ばかりです。車の免許を取りたいなら、沖縄がお勧めです。ただし、東京に帰って首都高速を走ろうと思ったら、相当な覚悟と苦労が必要になると思いますが……。

◎2　右折車はウインカーを出さないで急に止まる

ウインカーを出すときも、車線変更をする瞬間ならまだよいほうで、半分近く割り込んでからウインカーが点滅したり、右折するために交差点で止まってから出したりするような車が多いです。後ろの車はよける暇もなく急ブレーキです。

右車線を走っていて、交差点付近や右側のスーパーの入り口付近に来ると、右車線だけ動かないことが多いのはこれらが原因です。

「ウインカーなんか出さなくても、右車線を走っているのだから右折するに決まっているだろうと大半の人が考えている」という笑い話を聞いたことがあります。

こちらが優先道路を走行していても、脇道から入ってくる車や店の駐車場から出てくる車を発見したら特に注意しなくてはいけません。

向こうのドライバーがこちらの車を確認し、目が合っているのに、わざわざぶつかるタイミングで当たり前のように出てくる車が多いのです。

逆に向こうは、「私を見て確認したのだから入れてくれるのが当たり前でしょう」とでも思っているように、いったんこちらを確認したら、次は何のためらいもなくこちらを見ないで出てきます。

「入れてくれてありがとう」と、手を上げて挨拶することもないと思ったほうがいいでしょう。そう考えていないと、毎回頭にきますから。

そもそも沖縄の人は車をゆっくり走らせています。

それというのも、脇から急に車が入ってくるのは当たり前だと想定して走っているからかもしれません。

◎3　タクシーやバスの運転マナーにもビックリ！

タクシーや路線バスの運転手でさえ、プロドライバーとして「どうなの？」という方が見受けられます。

もともと沖縄だけでなく、タクシーは客を探しながら走っていたり、客が急に進路を変更させたりと、全国的に見ても危険な車として認識されています。

車体はボロボロで、東南アジアの白タク（タクシーとしての許可のない白色のナンバー、日本ではタクシーやバスなど営業車は緑色のナンバー）かと思うような、コテコテの色をしており、ステッカーがベタベタ貼ってあることもあります。

ぶつけたボディーがへこんだまま、塗装もいい加減な古い車体で営業していることもあります。

客として乗っていても、アクセルやブレーキ、ステアリング操作が乱暴と思えるほどで、個人タクシーでさえ、試験に受かったとは思えないほどの運転手さんがいます。これで、プロドライバーとして商売をしてきたことがとても不思議です。


路線バスの運転も同様です。

車で走行中に、交差点付近などで右折車が止まっていたときなどに、左の車線に変更しようとウインカーを出したとたん、左車線の後ろにいたバスがものすごい加速をしてきて車が入れるスペースをなくします。余裕で車線変更できたはずなのに入れさせてくれないのです。

追い越し車線に平気で出てきて、前の車を抜いてすぐに停留所で停まるような、一歩間違えれば事故につながる運転を平気でやるドライバーもいます。なかには、人命を預かっていることの意識が低い、と言われても仕方がないドライバーがいるのです。

このような状況では、沖縄に来てまだ土地勘がなく、レンタカーにもあまり慣れていない観光客や移住者は、最大限の注意が必要です。

マナーのいいドライバーも少なからずいるだけに残念です。

◎4　駐車場では入り口から遠くに停める

駐車場で車を停める際にも注意が必要です。

店舗の入り口に近いところが空いていて「ラッキー!」と車を停めると、帰ってきたら思いっきりドアに縦のへこみがあることが。いわゆる「ドアパンチ」というものです。

これは隣の車を気にしないでドアを開けてぶつけたか、沖縄では風が強いので風にあおられてドアをぶつけたかでしょう。隣の車のことなんかあまり考えてくれないのです。

「何で私の通り道に車を置いていくの!」とばかりに、買い物カートで擦り付けられていたこともありました。

いずれも、犯行現場を目撃しているわけではないので泣き寝入りです。

どこでも同じ傾向があるのでしょうが、沖縄の人は特に、なるべく駐車場の入り口近くに車を停めたがります。

そのような人は、なぜか運転も上手ではないらしく、平気で斜めに停めたままにしていることがあります。ほかの人の迷惑になることもあまり考えないようです。そもそもしっかり枠内に車を停められない下手な運転を気にしておらず、そんなに迷惑とも思っていないのかもしれません。

自分が嫌な思いをしないためには、そのような人たちが集まるところからなるべく離れることです。駐車するときは、入り口から遠くのスペースに停めておくほうが被害は少ないでしょう。

沖縄では、車をぶつけても修理しない傷だらけの車が多く走っています。そのような車のもち主は、他人の車も大事にはしてくれないのでしょう。

また、沖縄の敷地は狭いのに、広大な敷地があるアメリカと同じように前から突っ込んで駐車する人が多いようです。駐車場もそのようにつくられていることが多いです。

駐車場で、狭い通路の左右に2台とも前から駐車していた場合、左右の車が同時にバックで駐車場から出ようとすると、通路でぶつかることになります。

どちらか一方でもバックで駐車していれば、ぶつかる確率は随分減るのですが、お互いが前から駐車してバックで出ようとすると、死角が増えてぶつかる確率も上がります。しかも、駐車場が混んでいる場合、空いているところめがけて加速して突っ込んでいく車や、早く駐車場から出たい車がスピードを出す場合も多いので危険が増します。

そのような車にぶつかったとしても、駐車場内は道路ではないので、過失割合は「基本的に50対50からの交渉が前提」と保険屋さんに言われます。

ぶつかるスピードが遅いためあまり大きくは壊れないので、車両保険を使って修理すると逆に、その後の保険料の等級が落ちて割高な保険料を数年支払うことになるため、結局は損をする羽目になることが多いです。

◎5　気を付けよう「Y」ナンバー

沖縄には米軍基地がありますが、そこにいる兵隊や家族も自家用車は日本の陸運局でナンバーを発行してもらっています。

普通はひらがなで表示されているところが、アルファベットの「Y」と表示されています。横浜ではじまった制度で、「YOKOHAMA」の頭文字だということです。

そのほかにアメリカから運び込まれた車には「E」、軽自動車と二輪車には「A」が使われています。

米軍基地内の公用車にはさまざまな書式のナンバーがあります。

「U・S・AIR FORCE」と表記されていれば空軍、「U・S・NAVY」は海軍、「COMMANDER」なら基地司令官専用車です。

昔はひき逃げされても基地内に逃げ込めば治外法権で、賠償や補償どころか捜査もしてもらえないケースが多発しました。最近は日米地位協定が問題視されていますが、改善される気配はありません。

この米軍関係のナンバーは車庫証明が不要で、事故にあっても裁判をどこの誰に起こしてよいのかも曖昧だそうです。

米軍では、はじめて日本に来た軍人・家族に対して、基地の安全部というところが日本の交通ルールなどの講習を行い、事故防止に努めてはいます。強制保険のほか、任意の自動車保険に加入するよう指導されていることから、補償のトラブルは昔よりも少なくはなっているようです。

運悪く事故の相手が米軍基地関係のナンバー車で、運転手が米国人であった場合、事故処理にはかなりの時間がかかることになります。英語の話せる日本の警察官と米軍基地の法務担当の到着を待たねばならないからです。お互いの事故原因の主張が異なれば、さらに時間がかかることを覚悟しなければなりません。

米国人が日本で運転するときは、案内標識の文字が読めず、アメリカよりも車道が狭く、走るところが左右逆になります。外国で車を走らせた経験がある方ならわかると思いますが、慣れるまでかなり戸惑います。悪気はなくても事故の確率は上がるといえるのではないでしょうか。

巻き込まれないためには、近づかないことが一番です。

若い米国軍人に人気の車両は、日産スカイラインGT－Rです。高性能で有名になっているのに最近まで輸出されていなかった憧れの車です。昔懐かしいホンダプレリュードや日産シルビア、マツダRX―7などの走り屋系の車が人気で、いまだに大事に乗られています。なかには、かなりの改造好きがいて、マフラーを変えて音を大きくしたりオーディオを大音量で鳴らしたりして暴走族のように走っている者もいます。

軍用車も国道を当たり前のように走っています。道なき道で戦闘しながらガンガン走っていける軍用です。窓も小さく死角も多いので、直前に割り込まれても運転手から見えていない場合があります。ぶつかったとき、相手車の安全のためにあるバンパーはありません。タイヤも大型トラックのように大きく頑丈で、乗用車なんて踏み潰して平気で走っていける車です。そん

■軍用車

な軍用車が走っていることもお忘れなく。

◎6　言わずと知れたレンタカー「わ」「れ」ナンバー

「わ」ナンバーのレンタカーは、観光スポットやお洒落なカフェを求めて、地図や旅行雑誌を見て浮かれながら走っています。

最近「わ」が足りなくなったので「れ」を使うようになりました。

これらの車は沖縄の道路事情に慣れていないため、カーナビがついていても、曲がるはずの交差点を見逃しそうになったり、右折車線に入りそびれたりして、急な進路変更をすることがあるでしょう。

また、最近では中国や台湾に加えて、タイやマ

■外国人が運転していることを示したステッカー

レーシアなど東南アジアからの観光客も殺到しています。チャレンジ精神旺盛な彼らは、ツアーバスで回る観光に飽きて、レンタカーで好き勝手に走り回っています。英語も通じないかもしれません。

中国の免許では、制度上レンタカーは借りられないはずなのですが……。やはり、近づかずに距離を取って見守ってあげましょう。


沖縄県は観光地です。

経済効果の恩恵はもちろんですが、海外の観光客には嫌な思い出よりも楽しい思い出をたくさんつくって帰っていただき、何回も来てほしいものです。国家間の政治的な事情はさておき、一般人同士は仲良く楽しく暮らしたいのはどこの国でも同じだと思います。観光客の方々に楽しく過ごしてもらうためにも、私たちはレンタカーに気を付けて走りたいものです。

もし、レンタカーに対して事故を起こした場合、タクシーと同じように、修理代金のほかに修理期間に得られるはずの売上をレンタカー会社に補償しなければならない場合があります。請求は高額になりがちです。

◎7　任意保険に入っていない車が多すぎる

沖縄で暮らすには、やはり車がないことには不便です。車は何とかローンを組んででも買わなくてはなりませんが、生活が苦しいとどうにか支出を減らそうと考えるものです。

そこで支出を減らす方法の1つとして任意保険が候補に上がります。もし不幸にも事故になって自分の補償できる範囲を超えて相手に損害を与えてしまった場合、自分の過失分は相手の保険から出ないことを考えると、生活が苦しい人ほど任意保険は外せないと思います。自分の車の修理代金が払えなくなって車のない生活にならないためです。ところが、沖縄では楽天的な性格が災いするのか、任意保険に入っていない人が多いようです。

もともと周りが海に囲まれた島なので、塩混じりの風雨に吹きつけられるうえに、紫外線が強烈なので車の塗装は劣化します。

「今日は晴れているので洗車日和」と思って洗車したそばから、スコールのような雨が降ることは日常茶飯事です。ですから、車を綺麗に保って大事に扱うような習慣もないのかもしれませんね。

本土ではお役御免になったような、へこんで傷がついたままの中古車が平気で走り回っています。サンダルを履き潰す感覚で乗っているのでしょう。

自分の車を大事にする感覚がないのですから、他人の車も大事にしません。そのような車には近づかないようにすることです。事故を未然に防ぐ「予防運転」が第一です。

沖縄は日本一だったこともある長寿の県ですが、車に乗らないと生活が不便なため、歳をとっても頑張って運転しなければなりません。歳をとると反応時間が遅くなり、前方は何とか見ていても、周りを注意して運転しているかは疑問です。

そんな車に対しては、こちらが注意してあげなければいけません。

◎8　朝と夕方は一般車が走れない？

那覇近郊では、朝と夕方の交通渋滞が激しくなりますが、公共交通機関であるバスは定時運行をしなければいけません。

そこで、平日の朝と夕方には、客を乗せたバスやタクシー以外は走ってはいけない「バスレーン」が実施されています。標識がありますし、最近では道路が専用の色に舗装されているためわかりやすくなっています。

しかし、バスレーンで車線規制されるため、一般車にとっては渋滞が激しくなり、空いていれば5分で行けるところが30分以上かかることもあります。余裕をもって出発し、できればバスレーンの規制時間前に通り抜けるのがベストです。

特に雨の日は渋滞が激しくなります。バスレーンとともに、時間により中央線が移動する道路もあります。

国道を走っていてバスレーン渋滞を避けようと脇道に入ったとしても、同じような車がドンドン流入してくることがあります。また、右折車がいたときには、細い道路では全体の流れが滞ってしまいます。

さらに、事故などが起きて車が動かなくなってしまったときでも迂回ルートがないので、結局は国道を走ることになります。

時間厳守の仕事の場合は、ある程度の余裕をもって出発しましょう。

◎9　沖縄の高速道路の最高速度は時速80キロ

高速道路の最高速度は規制がなければ時速100キロですが、沖縄自動車道の最高速度は80キロです。高速道路だから最高速度は100キロだと勘違いして走ると20キロオーバーです。

覆面パトカーもよく走っていて、たいていはレンタカーが捕まっています。オービスという速度自動取り締まり機もあるので注意しましょう。

高速道路への合流が苦手なドライバーがいると危険な思いをしますが、沖縄は苦手な人の比率が高いので合流地点ではさらに注意が必要です。

昔は高速道路を使う車があまりなくて空いていましたが、高速道路無料化のときに便利さを味わってしまったせいか、有料に戻っても（本当は無料化の無期限凍結）使い続ける人がいます。交通量が増えたことも合流をむずかしくしている原因かもしれません。

合流前の加速区間では、普通は本線上を走る車と速度を合わせるため加速しなければなりません。ところが、加速せずに合流したり、ときには止まってしまうドライバーもいます。

そもそも速度を上げる余裕のない人が運転していますから、後ろから車間距離を詰めようとすると、逆に自分が追突してしまう危険が増えます。

◎10　雨の日はスリップ続出

沖縄県は小さな島なので、自然の地形を利用してさまざまなものがつくられています。米軍基地だけは例外ですが、道路は例外ではありません。

国道から外れたとたん急に道幅が狭くなり、起伏も激しく複雑になります。一方通行も意外と多いので、注意していないと逆走していることがあります。

国道を走行中でも、左カーブの走行中に右にハンドルを切らなければいけなかったり、カーブの途中で何回も曲率が変わったりして、ハンドルを切り足したり戻したりしなければならないことがあります。

直進レーンを走行して車線変更していないのに、いつの間にか右折レーンだったり左折レーンだったりすることもしばしばです。

また、沖縄の道路は滑りやすいです。雨が降ったりすると特に滑ります。

高速道路以外の道路には、珊瑚礁の琉球石灰岩が多く含まれているため、これが水に濡れると滑りやすくなります。塩害や強い紫外線のためアスファルトなどの劣化も早いそうです。晴れていても、海風が運んでくる塩の結晶が路面をおおい、本土の感覚ではありえない早いタイミングでタイヤが滑り出します。そのため、旅行者が運転するレンタカーによる事故が多発しています。

沖縄で運転するときは、安全なところで急ブレーキや急ハンドルを試してみることをお勧めします。晴れの日と雨の降った日と、両方の違いをわかっておくといいでしょう。

◎11 車を買うなら「新古車」を

私は、本土で使っていた2台の車をフェリーで沖縄にもってきました。

1台はホンダステップワゴンの初期型で、もう1台はスバルサンバーのワゴン車です。どちらももう古い車ですが、特にスバルサンバーは毎日仕事の配達で足に使っていて、38万キロ以上（月にも行ける距離！）走っていたので、引っ越し荷物を満載してフェリーで運んだあと、沖縄の解体屋に引き取ってもらいました。

その替わりに買った車が、スズキアルトという軽自動車の新古車です。新古車とは、一度販売店が車を登録してナンバーを取り、試乗車や展示車として使ったり、ノルマを達成するために登録したりしたものです。新車ではなくなってしまった車ですが、ほぼ新車と考えていい車です。

ほぼ新車ながら、多少安く買えるお買い得車です。新車を買ったときにかかる税金も減らせます。もちろん保証付きですが、登録して数カ月経っているので、車検までの期間が短くなるのがデメリットです。

沖縄では軽自動車はとても人気です。走行距離が長い中古車でも、かなり高い金額で販売されています。軽自動車以外でも傾向は同じです。

塩害や紫外線が強い島の気候にさらされていることに加え、どのような人がどのように使ったかわからないので、車に詳しい人か信用できる店で買う以外は、中古車はあまりお勧めできません。ボロい中古車を選んで、もし故障を起こしてしまったら、仕事に穴をあけてしまい、あなたの評価を下げてしまう危険性もあるでしょう。

ならば、本土で買ってきた中古車に乗れば間違いないのですが、沖縄特有の錆び対策がされていなければ錆びだらけになる可能性があります。沖縄で高い新車を買ったとしても、使っているうちに本土より速いペースで価値をなくしてしまいます。それに移住者は、引っ越しでお金を払っているため、新車を買うような贅沢はあまりできません。

そのような理由から、私は、グレードは低いけれど新車に近く安心で価格もお手頃な軽自動車の新古車を選びました。もちろん、錆び止めとボディーのコーティングと紫外線よけの窓ガラスのフィルムなどを施工してもらいました。

ちなみにその後、解体屋に引き取られたはずの私のスバルサンバーが、いまも沖縄でしっかり走っているのを目撃しました。

◎12 「ゆいレール（沖縄都市モノレール）」を利用する

那覇空港より首里までの区間は、「ゆいレール」というモノレールが走っています。首里以降も延伸する計画があり、一部工事もはじまっています。

ゆいレールは、高いところを走っているので、ホームも道路より高いところにあります。風速15メートル以上の場合は注意運転し、風速25メートル以上の場合は運転を中止します。

そのため台風の日は走っていません。

晴れの日は空を飛んでいるような感覚で那覇の景色を見渡せて、目的地には確実に早く着きます。ちょっと不便なところは、駅のホームのエスカレーターが上りだけに設置されていて、下りは階段かエレベーターを使用するところです。小さなエレベーターがホームに一基だけという駅も多いので、大きなスーツケースがある観光客で混雑し、不便を感じます。観光で首里城に行くには、首里駅から徒歩で15～20分ほどかかります。

乗車方法は券売機で乗車券を買い、改札機の読み取り部分に乗車券に印刷されているQRコードを読み取らせます。降車時にも同じように読み取らせます。乗車券は機械が回収するわけではなく、出口付近にある回収用の箱に入れます。


バスとの共通ICカード「OKICA」があれば、チャージしておけばいちいち切符を買う手間が省けます。カードは駅窓口や券売機などでデポジット500円を預けて購入します。このカードは沖縄専用のため沖縄以外では使えません。本土で使われているICカードも沖縄では現在使用できません。

OKICAが不要になったら、窓口で返却時に500円が返金されます。ポイントがつきますが、毎月6日にまとめて付与され、有効期限は1年なので注意が必要です。

ちなみに、ゆいレールに乗れば日本の最西端と最南端の2つの駅が制覇できます。日本最西端の駅が那覇空港駅で、最南端の駅は次の赤嶺駅です。

那覇周辺の観光や物件巡りで何度も乗車する人には、フリー乗車券が便利です。自動券売機か駅窓口で、発券したときから一日乗車券は24時間、二日乗車券は48時間有効です。日にちではなく時間で管理している乗車券なので、うまく使えば次の日の観光や移動にも使えてお得です。

フリー乗車券は、首里城などの施設入館料割引や飲食代金割引などをしている店もあります。

・フリー乗車券
一日乗車券：大人700円　小児350円
二日乗車券：大人1200円　小児600円
ゆいレール全線と那覇バス市内均一区間（市外線も区間内なら利用可能）が指定日一日

乗り放題のフリーパス「バスモノパス」もあります。販売窓口はモノレール全駅、那覇バスターミナル、空港事務所、新川・具志・石嶺の各営業所です。

・バスモノパス
一日乗車券：大人１０００円　小児５００円

◎13　バスを利用する

ゆいレールができるまで唯一の公共交通機関であったバスは、近年のモータリゼーションの進展、都心部の慢性的な交通渋滞等により、定時・定速性の確保が困難となり、年々利用客が減少傾向にあります。

定期券の割引率も低く、ＯＫＩＣＡ導入とともにポイントによる割引に変更になったため、割引率が一番大きかった回数券は廃止されてしまいました。

ポイントを還元する手続きができるところも限定されていて、ポイントによる割引も少なく、実質大幅値上げです。バスを利用せざるを得ない学生やその親御さんにはかなりの不評を買っています。

同じ路線を複数の会社のバスが走っていることも多く、前にしか入り口がないバス、前後にドアがあるが前からしか乗れないバス、後ろから乗って前から出るバスなどがあって、わかりづらいです。

どこから乗るのか迷っているうちに、「乗る人がいない」と判断されてドアが開かずに行ってしまうこともあります。

そのくせ「○○行き」と表示されていても、とんでもなく遠いところを経由していく路線などもあるので、行き当たりばったりで乗ってしまうと危険です。

しかし、私が見た沖縄の「おばぁ」は、バスが来るたびに笑顔で手を上げてドアを開けさせて乗り込み、「○○まではいくかねぇ?」と聞きまくっていました。それでも運転士は怒ることなく、「この後の○○番のバスに乗ればいいさ〜」などと優しく答えていました。笑顔とこちらからの積極的な行動も必要なようです。

沖縄ではバスマップが無料で配布されている場所がありますが、沖縄に住んでいなくても送ってくれるサービスがあります。申し込み後一週間ぐらいで届くように発送してくれます。

・バスマップ（中南部版＋北部・離島版で1セット）の郵送配布

送付先住所、必要部数と送料分の切手（1セット140円、2セット250円）を左記に送る。

〒900―0004　那覇市銘苅2―3―1　なは市民活動支援センター内　バスマップ沖縄

たいした魅力もなく、マイカーを利用するほうが安いと思わせるような高い運賃ではバスが衰退していくのも頷けます。

しかし、行った先で駐車場を探さなくてもよいし、居酒屋などでアルコールを気にせず飲んでもよいなど、メリットはたくさんあります。

最近では「バスなび沖縄」というバス会社主要4社の乗り換え案内や時刻表、バスの現在地をPCやスマートフォン、フィーチャーフォンから確認できるサービスができて、いま現在のバスの位置などがリアルタイムで確認できたり、目的地までどのバスに乗るのかを検索できたりします。

バスをうまく使いこなせれば「ウチナンチュ」（沖縄の人）の仲間入りでしょうか？

・バスなび沖縄URL
http://www.busnavi-okinawa.com/map

◎14　タクシー・運転代行を利用する

沖縄のタクシー料金は、小型の初乗りで500円です。以降349メートル増すごとに60円ずつ増えます。深夜早朝割増は、午後10時から午前5時まで2割増です。

本土の都会で過剰ともいえるぐらいの接客マナーを受け、ハイヤーのようにピカピカの車両に慣れている人は、沖縄のタクシーにビックリするでしょう。よい車でよい運転技術の運転士に巡り合えたらとてもラッキーです。連絡先などを教えてもらい「ひいき」にしておきましょう。

もし、「これは危ない！」などと感じたらすぐに降りてしまいましょう。客待ちしているタクシーはとても多く、バスとは違い、手を上げなくても人が歩いているだけで停まるタクシーがいるくらいです。後からいくらでも拾えるのですから。

沖縄県では、運転代行の業者が多く、タクシーより安い料金設定なので、飲み会などに行くときには自家用車で店に行き、帰りは運転代行で帰ってくるパターンが多いです。

店の出入り口などで待機している車も多く、業者も乱立しています。よい悪いもそのときのドライバー次第といったところです。

やはり、使ってみてよい運転手だったら、指名できるように連絡先を教えてもらいましょう。

私は酒を飲まないほうなので、使う機会は少ないですが、せっかくの酒の席で飲まないのでは楽しみも半減してしまいます。飲む機会の多い人は、安いだけで選ぶのではなく、万が一事故があったときの補償なども含めて業者をあらかじめ選別しておいたほうがよいと思います。

お金を払って他人の運転で事故を起こされ、補償は自分もちではたまったものではありませんから。

第4章

沖縄で就職

◎1　コネなし・知人なし・高年齢でも就職したい

私は茨城県で約10年間、地域密着型の自営業をしていました。こんな私ですから、沖縄に来ても、コネもなく、知人もいない状態です。いきなり何かやるのは無理だと考えていました。「沖縄にないものを届けるサービスはできないか」と考えましたが、沖縄に来てみると意外と何でも揃っています。

逆に「沖縄から何かを届けるサービスはないか」と思い、いろいろなところに出掛けていきましたが、コネがなければ仲間に入れてもらうのもむずかしそうです。さらに送料が高いため価格に転嫁すると競争力がなくなるだろうし、転嫁しなければ赤字になりかねません。大量に仕入れてコストダウンするのは基本的に大手がやることで、個人事業には向きません。

「送料を転嫁しても商品価値が下がらない、大手が手を出しにくいものはないものか」

「1つのことを地道にやってきて、手に職があればどこに行っても困らないのに」

などと漠然と考えながらも時は過ぎていきます。

自営業をやっていたため、いまさら沖縄で就職口を探しても、使うほうも使いづらいと考え、まともな就職はできないと勝手に思い込んでいました。もともと就職には厳しい時期でもありました。沖縄県は失業率、所得ともに全国ワースト1位です。

◎2 ジョブカフェで就職相談、履歴書添削まで！

就職問題で悩んでいたとき、沖縄市中央パークアベニュー通りで「ファミリーサポートセンター」を見つけました。ファミリーサポートセンターでは、親が緊急の用事のときに子どもを預かってもらったり送迎を手伝ってもらったりするほか、反対に子どもを預かってあげたり手伝ったりして、相互に支え合うネットワークをつくっています。何かあったときのために登録だけでもしておこうと思って訪れたのです。

するとそこに、ジョブカフェというものが併設されていました。就職の相談などをしてくれるとのことでした。そのときは特に期待しているわけではなかったのですが、せっかくなので覗いてみることにしました。

まずは、キャリアコンサルタントにいままでの経歴などを大まかに話し、登録することになりました。私の場合はすぐにでも就職をしたいとあせってはいないことを伝え、じっくりと時間をかけて相談に乗ってもらうことになりました。

後日、カウンセリングなどから自分の強みや得意なこと、希望などを整理し、履歴書や職務経歴書をしっかり作成してみました。

すると、自分を客観的に評価できず、自己アピールを十分にできていなかったことがわかったのです。そこで、キャリアコンサルタントと一緒に、いままでやってきたことをあらためてまとめてみると、意外にもアピールできることが多くありました。

キャリアコンサルタントに言わせると、私の年代は自己アピールが苦手なので、かなりオーバーに表現しないと、いまの時代の書類選考には残れないのだそうです。自分ひとりでやっていたら、いくら履歴書を書いて送っても、どこも面接さえしてもらえないところでした。

◎3　求職時のマナーや敬語を覚える講座がある

コネや知り合いを増やすため、アルバイトでもやろうと思っていたのですが、書類の書き方1つとってみても、若い人と大きく差がつくのでは話になりません。

いままでなら、私のやっていたような小さな自営業でも、営業の電話が何本もかかってきます。何か広告を出したり募集したりしようと自分の会社より大きな会社に電話をかけるときもありますが、それでも必ず「社長」「社長」ともち上げられます。アルバイトでも人を雇っていれば、社長の権限があるので相手は低姿勢で接してきます。こんな環境でしたから、気を付けてはいても言葉遣いなどは初心とはかけ離れてしまっていたと思います。

しかし、どんな威張れるような立場にいようと、丁寧でしっかりした敬語を話すことは大事です。きれいな敬語を使っていれば、「おやっ」と思われますし、何より「かっこいい」です。そんな初心に戻って、マナーや敬語だけでも覚えようと思いました。それは自分の将来にもかなりのプラスになるはずです。

本来なら、社会人経験があれば当たり前にできなくてはいけません。それまでは「何となく」や「たぶんこれでよいだろう」と適当にやっていたことを反省しました。

そんなことを考えているとき、ジョブカフェのキャリアコンサルタントの方があるチラシをもってきました。それは、「特定非営利活動法人フロム沖縄推進機構」というところが主催する「ＢＰＯオフィスワーク講座」というものでした。それは沖縄で急成長しているＢＰＯ業務の求人募集をする会社と求職者とのミスマッチを解消し、雇用情勢の改善を図るために実施している事業の講座でした。

ＢＰＯとは、企業の業務プロセスの一部を専門業者に外部委託する「ビジネス・プロセス・アウトソーシング」の略です。「餅は餅屋」といわれるように、専門業者に任せることで業務の効率化・高品質化などが期待できるとともに、自分たちは自社の中心的な業務に専念し、人材や資源も集中できます。

特に沖縄は、本州で災害が起きても距離があるので被害に遭わない可能性が高いことから、ＩＴ関連のサーバー施設や東京本社にあるサーバーのデータのバックアップを置く企業がかなり多いのです。

３・11の東日本大震災以降は、さらに注目されています。データセンターやコールセンターが有名ですが、データ入力・収集・分析、画像・動画加工、経理・総務・人事・労務などのバックオフィス業務などもあります。

◎4　3カ月無料でオフィスワークの基本を教わり、就職！

「ＢＰＯオフィスワーク講座」では、挨拶や敬語の使い方からパソコンの基礎も教えてもらえます。もちろん無料です。私の場合は雇用保険に入っていない自営業だったので関係なかったのですが、会社を退職して雇用保険をもらっている人なら就職活動実績になります。

講座を受けてみて感じたことは、「日本語はむずかしい」ということでした。敬語でも立場や人に合わせた使い方をしなければならず、間違えて覚えていることも結構ありました。敬語は、普段から使い慣れておく必要があります。身に付いていない人は、しっかり練習しておかないとすぐにボロが出ます。

パソコンもある程度はできたのですが、最新のウィンドウズやオフィスソフトは触ったことがなく、雰囲気がかなり変わっていたので、講座がとても役に立ちました。

ある程度基本を学んだところで、企業が行うより専門的な研修に入ります。人材がほしい企業が、県の出資で研修を行っています。企業はそこで育てた人材をリクルートできるので一石二鳥です。研修を受ける側も研修を行う企業も真剣です。

いくつかの企業のなかから私が選んだのは、通うには少し遠く、規模もほかよりは小さな会社でした。最近できたコールセンター管理者の資格も目指せる研修をしているということで希望しました。それでも研修を受けるまでは、コールセンターで働く気はあまりありませんでした。ただ、どこに行っても恥ずかしくないよう、いま一度「敬語」の基本を見直して身に付けておきたいだけでした。せっかくの機会だからと、歳の割には積極的に貪欲に学ぼうとしていたことは確かです。

私が想像していたコールセンターとは、「女性の仕事で、クレームの電話に謝ってばかりの辛い仕事」「たかが電話を取るだけの業務」と思っていましたが、実際に研修を受けてみると、想像していたよりもかなり高度な知識が必要だとわかりました。その企業では、コールセンター業務を多数請け負っていて、事務所を広げ、仕事も増やしていく時期で、管理者も必要になるときでした。

そんな私の気持ちと、電話のオペレーターだけでなく、ゆくゆくは指導者や管理者がほしいという企業の思惑がうまくマッチングします。

何と、晴れて「コールセンター」に就職が決まってしまうのでした。40代後半、業界未経験で管理者として就職した成功事例として、就職情報誌に記事が載ったほどです。ちなみに、翌年の2015年度には訓練費も支給される講座もできたそうです。

◎5　標準語が武器に!　沖縄の言葉事情

私は思いもよらず会社員として再就職が決まりましたが、採用された1つの理由に「標準語が普通に話せる」ことがあったように思います。沖縄の人は、標準語がわかるし話せるのですが、イントネーションや言葉の使い方が微妙に違う人が多いのです。

逆にこちらが「北谷(ちゃたん)」という地名を言っただけで、「ああ、この人はナイチャー(本土の人)ね」とわかってしまいます。

では、ここでは沖縄の言葉や地名についてちょっとご紹介しましょう。

①本土で多い当たり前の苗字や地名がわからない沖縄の人

日本で多い苗字といえば、「佐藤さん」「鈴木さん」「高橋さん」などが思い浮かぶと思いますが、これらは沖縄では少数派です。沖縄で多い苗字のトップ3は、「比嘉さん」「金城さん」「大城さん」です。

コールセンターの仕事で電話を受けたときに、最低でも相手の住所・氏名・電話番号を聞き間違えることがあってはいけません。

簡単なことに思えますが、やってみるとこれが意外とむずかしいのです。電話をかけてくる人は、まさか沖縄にかかっているとは思っていません。クライアントも、本社以外のところで電話を受けているることはあまり知ってほしくないようです（いまとなってはほとんど知られてしまってはいますが）。

そこで「佐藤さまは漢字ではどのようにお書きしますか？」などと一応聞くことになります。たいていは「普通の佐藤です」などと返答するのですが、本州で生活していないオペレーターの場合、「佐藤」という苗字が一般的に非常に多いことがイメージできないので、「人偏に左と書く佐に……」などとしつこく確認してしまい、逆に不審がられたりします。

日本の地理に明るくない人も多いようです。沖縄と北海道以外の県はどこにあるのかわからない人がいます。関東近辺に住んでいれば、いくら地理が苦手な人でもいくつかの周りの県のイメージぐらいは頭に浮かびますが、沖縄でしか生活していない人のなかには、まったくお手上げの方が多くいるようです。

②「喜屋武さん」「勢理客」って読めますか?

逆に、沖縄で当たり前なことが「ナイチャー」にはさっぱりわかりません。沖縄の人ばかりの自己紹介の席に行くと、聞き慣れない名前のオンパレードです。

「ひやごん」「きゃん」「ありめ」「かんな」「へんな」「いは」「つは」「つはこ」「よなは」「がなは」「たまなは」などなど。頭の中が「?・?・?・」で一杯になり、何回も聞き直すしかありません。

沖縄の地名もお手上げです。

地図を見てみると、「南風原」「東風平」「東江」「読谷」「金武」「保栄茂」「城間」「饒平名」「大工廻」「勢理客」とあって、行きたくても地名が読めません。「そんな読み方をするんだ~」とクイズをやっているようです。

では、「クイズ?・」の答え合わせです。

「ひやごん=比屋根」「きゃん=喜屋武」「ありめ=有銘」「かんな=漢那」「へんな=平安名」「いは=伊波」「つは=津波」「つはこ=津波古」「よなは=与那覇」「がなは=我那覇」

「たまなは＝玉那覇」

「南風原＝はえばる」「東風平＝こちんだ」「東江＝あがりえ」「読谷＝よみたん」「金武＝きん」「保栄茂＝びん」「城間＝ぐすくま」「饒平名＝よへな」「大工廻＝だくじゃく（たくえ）」「勢理客＝じっちゃく（せりきゃく）」

方位も不思議な読み方をしますよ。

そもそも昔の沖縄では方位の読み方も違っていたのです。東は太陽が海から上がってくるので「あがり」、逆に太陽が海に入っていくので西は「いり」、温かい風が入ってくる南は「はえ」、なぜか北を「にし」と呼んでいたそうです。

③沖縄の人に「〜しましょうね」と言われたら

沖縄に来てよく言われて戸惑ったことは、「〜しましょうね」という言葉です。

たとえば、「トイレに行ってきましょうね〜」と言われると、「あなたがトイレに行ってきなさい」と言われているように聞こえます（というか本州では幼稚園児などにトイレに行くことを優しく促すときに使います）。

しかしこれは、「自分はこれから〜をしますよ」という宣言を丁寧に言っているだけです。

「お昼ごはんを食べましょうね～」「休憩をしましょうね～」「帰りましょうね～」などとよく言われますが、こちらに行動してほしいわけでもなく、一緒に何かをしようと誘っているわけでもないのです。

◎6　人手不足で売り手市場！

２０１５年春、沖縄県北中城村の米軍から返還されたゴルフ場跡地に、イオンの大型ショッピングモールができました。できる前から近くの店などは、「新し物好きの沖縄の客がごっそり流れていくだろうから、その対策をどうしようか」と戦々恐々としていました。

大型のモールなので、かなりの数のお店が一気に営業するため、相当の人が働くことになります。各店舗では新規開店の準備のため、開店数カ月前から店員の募集がありました。人を集めるために時給もかなり奮発したようです。その募集に人が集まるとほかの店で人が足りなくなり、少し離れた町やほかの業種まで人材不足になりました。

客よりも先に従業員から取られてしまって、地元の経営者は大変ですが、働くほうから

すると、景気が多少よくなってきたこともあり、いまのところ経済波及効果が現れている
ようです。

15～64歳の「生産年齢人口」は、全国では１９９５年から減少に転じていますが、沖縄県でも２０１２年から減少に転じています。以前のように求人すれば人が集まるということはなくなってきています。いまや、企業にとって人材確保が最も頭の痛い課題になっています。

人手不足がより深刻な本土企業は、比較的若者が多い沖縄に注目しています。企業の合同説明会などでは、本土企業のほうがより魅力ある広報活動をしていて、人が集まっています。

２０１５年の新規高校卒業者では、県内に就職希望する１３７５人に対して２２６１人の県内企業からの求人がありました。約１・６倍の求人倍率で売り手市場です。

しかし、若者の離職率が高いため、福利厚生で待遇改善や成長を実感する仕組みづくりに取り組む企業が増えています。契約社員の正社員化に取り組んでいる企業もあります。

仕事が多い業種は、沖縄の２つの柱であるＩＴと観光です。ＩＴなどの専門技術職や観

光などのサービス業の有効求人倍率は高いです。

いままで本土企業は、安い人件費だけに魅力を感じて沖縄に進出することが多かったのですが、最近では雰囲気が変わってきました。景気のよいときこそ、沖縄で安定した職を得るチャンスです。ただそのとき、「自分が向いている職業を探すより、人が育つ環境があるかどうか」という視点を重視することが重要なようです。

■就職情報誌

第5章

沖縄の学校・保育園

◎1　東京に次いで待機児童が多い

両親が共に働かなければならない世帯にとって、保育園に入れられるかどうかはとても重要です。特に友だちも身寄りもなく大きな財産もなく移住してきた私たちのような家庭にとってみると、子どもを預けて共働きをしなければ生活が成り立ちません。

しかし問題は、沖縄では待機児童が東京に次いで多いということです。沖縄は、よい条件で働ける場所が少ないうえ、働いていても給料は少なく、共働きでないと暮らせません。さらに沖縄の家庭は子どもが多いです。関東近辺では3人も子どもがいると多いほうとされますが、沖縄では3人ぐらいは当たり前です。離婚率も高い沖縄では、シングルマザーが5人を育てているなどという話をあちこちで聞きます。

そんなこんなで、保育園はたくさんあるのですが、いつも子どもで溢れ返っています。無認可の保育園や子どもを預かってくれる場所もありますが、特に無認可の場合はいろいろな特色がありますので、子どもの育て方など合うかどうかも含めてよく検討しましょう。

大手のコールセンターなどでは、24時間子どもを預かる託児所を併設しているところがあり、子育て中のママに人気です。

企業にとってみると、働く目的がしっかりした人を雇えることはメリットが多いのでしょう。特に、女性ものを扱うカタログショッピングのコールセンターは、女性の需要が多いので、両方にとってメリットがあるようです。

当たり前ですが、沖縄に来てから就職先を探す場合は、まず保育園には入れません。就職先が決まっていないと申し込みさえできないからです。

保育園の倍率の高い自治体では、正社員でも待たされるところがあるようです。私たちの場合は、移住前に妻の就職先が決まっていたことが決め手となりました。それに、移住前の住所地では私はまだ自営業をしていたので、住所地の民生委員の方に自営業の証明をしてもらい書類を提出しました。ちなみに、前の住所地では妻も病院勤務でしたので、保育園と学童保育を利用していました。

移住の年の3月下旬から沖縄に入り、私は5月まで仕事の引き継ぎや整理のためにとんぼ返りし、妻と子どもたちは4月の入学・入園準備をしました。結局私は、5月の連休後に沖縄に引っ越ししてきました。

那覇市内など、理由はどうあれ、保育園の数が足りない地域があります。保育園に入ることを第一に考えるのであれば、倍率の低い地域に住むことを考えるのがよいと思います。就職先がたくさんあっても、保育園に入れず結局働けないのでは意味がありません。

では、沖縄の保育園・学校事情をもう少し見てみましょう。

【引っ越し時期】

①年度はじめの4月転校を計画しよう

私たちは、子どもの負担がより少ない、学校の年度はじめの4月を選びました。教科書が変更したり学業の進み具合で混乱したりせずにすみますし、友だちとの別れの辛さも少しは緩和できます。

また、新しい学級での人間関係がいったんできあがっているところに割り込んでいくよりも、全員が新しい環境で学級をつくっていくときにはじめからいたほうが、子どもの負担は減ると思ったからです。

長女は小学校6年生の4月から転校しましたが、それでも環境の変化に戸惑い、自分をあまり出せずに1年を送ったそうです。

小さいころからあまり自己主張や反抗もせず、どちらかというとおとなしい性格で少し心配をしていましたが、中学に入って全員の環境がいっせいに変わると、ドンドン元気になり積極的に何でもやれるようになっていきました。希望していた高校にも合格して、勉強はもちろん、中学時代はやらなかったスポーツもやるようになり、ますます元気になっています。

緊急の場合や仕事の都合がある場合以外、もし選べるのなら4月の新学期からの転校は子どもの負担が多少なりとも少ないのでお勧めです。

②保育園や特別支援学級の申し込み

【保育園】

4月から転校をしたいと思っても、保育園の申し込みは前年度の10月には締め切られてしまいますので、事前に保育園の下調べをしておく必要があります。

【特別支援学級】

子どもと親との面談や相談なども10月で終わっていて、それをもとに次年度の学級編成や教師の人数などが決まりますので、10月以降の申し込みでは入れない場合や希望に沿えない場合もあります。また、いまは特別支援学級に入っていても、引っ越し先で同じ支援が受けられるとは限りません。

③沖縄の学校行事はお父さんが大活躍

【運動会】

地方の学校行事になると、親戚一同が集まることは沖縄でも同じです。前日から場所取りがあり、親類縁者が集まって応援し昼食を楽しみます。

運動会の保護者参加のプログラムでは、お父さんが多く参加しています。

会場の設営や後片付けも積極的に参加しています。

男性は仕事以外でほかの人と知り合う機会が少ないので、これはチャンスです。

移住者で昔からの友だちも知り合いも少ないのであれば、積極的に参加して顔を覚えておいてもらうと、困ったときに相談に乗ってくれたり、その土地ならではの習慣を教えてくれたりします。

◎2 「子どもが移住先で受け入れられるのか」の心配

移住したときの大きな心配事の1つは、「子どもが移住先で楽しく過ごせるか？」「移住先で受け入れてもらえるのか？」ということです。

もちろん私も心配をしました。私たち大人は（特に親なら）、子どものために多少の辛いことを我慢するなんて当たり前にできますが、「もし、子どもが慣れない環境で苦労したり受け入れてもらえなかったりした場合はどうしよう」と、まだ起きてもいないことを心配してしまいます。

しかし、その心配は必ず当たりますし、必ず外れます。苦労することも必ずありますが、よいことも必ずあります。悪い人もいますが、よい人も必ずいます。悪い面ばかりに注意が向くと、せっかくよいことがあっても記憶に残らず、悪いことばかり起きているように錯覚してしまうこともあるので気を付けたいですね。

引っ越してはじめて行った保育園や学校で、何年も一緒にいる友だちと同じようにすぐに遊んでもらえるなんてことはまずありえないと思います。

子どもたちは、「どうやって仲間に入っていこうか？」「どうやって声をかけてみようか？」などと、最初はドキドキしながら距離を縮めていきます。人生はそのようなことの連続です。

いまの時代は、中学生や高校生で海外に留学している子がたくさんいます。生まれてから18歳まで、ある程度慣れた温室のような環境で過ごしてきた子が、いきなり社会人として新しい過酷な環境に放り出されるより、早いうちにいろいろな環境に積極的に飛び込んで楽しく過ごすための能力を養っておく。それはそれでよいと思いませんか？

じつは、小さい子ほど環境に慣れるのが早いのです。それは、言葉がまだうまく使いこなせない分、言葉に頼りすぎることがないからだと思います。

そういえば、友人の結婚式でドイツに家族で行ったことがありました。

ドイツ人の友人の子どもたちと私たちの子どもたちは、ドイツ人はドイツ語で日本人は日本語で、ときには英語も混じえて、なぜか自然に一緒に遊んでいました。

結婚式にいろいろな国からやって来た家族の子どもたちも、プレイルームでボーリングをしたりゲームをしたり、おもちゃで遊んだり、言葉は通じなくても一緒になって遊んでいたことが興味深かったです。

たぶん、その場に集まっている大人たちが楽しく過ごしているのを見て、自分たちも安心して楽しんでいるのだと思います。

そのことから言えることは、まずは、大人が些細なことを心配しすぎないで、楽しいことが起きる未来をワクワクしながら過ごしていくことが大切だということです。

平日に時間が取れるなら、学校のプリントの丸付けや読み聞かせなどのボランティアに参加するのもよいと思います。〇〇君のお母さん、〇〇ちゃんのお父さん、などと子どもにはすぐに顔を覚えてもらえます。こちらが子どもの顔と名前を覚えられなくて困るくらいです。また、そのようなところに参加する方々は、何かあれば協力的で力になってくれる人が多いようです。

私の妻は地元のクリニックで働く助産師の立場から、次女が通う小学校6年生の道徳教育で「いのちの授業」などに協力し、次女が卒業した次の年にも、「ぜひもう一度お願いします」と呼ばれるくらい好評でした。自分ができることをできる範囲で積極的に協力していけば、親の顔と子どもの顔をセットで覚えてもらえます。

私の場合はできることは少なかったのですが、保育園や学童の送迎をしたときは、少しでもほかの子どもたちとも一緒に遊んだり、夏祭りなどのイベントのときの出し物にママさんたちと参加したりしました。変装して十数人で踊っていたので私とはわからないだろうと思いきや、子どもたちは意外にも誰の親かわかっているらしいのです。また、そのときのことを覚えてくれていて、小学校に入っても私の子どもと遊んでくれるのはもちろん、登下校時のパトロールで危ないときの注意をきちんと聞いてくれたり、挨拶もしっかりしてくれたりします。

【子ども会】

近所の子どもたちと仲良くなる近道は、子ども会などに積極的に参加することです。私は学校のＰＴＡ行事の懇親会に出席したとき、地元の子ども会の役員に誘われたので、子どもたちを引き連れてエイサーの練習に参加しました。

沖縄はエイサーが盛んで、地元の青年会のお兄さんやお姉さんが子どもたちに教えてくれます。エイサーだけでなくいろいろな行事や、老人会との交流などもあり、子どもだけでなく大人にも顔を広げるチャンスが広がります。保育園や子ども会などを通して、地元の子どもたちとその親たちとも仲良くなっていけば、地元に溶け込めるのも時間の問題です。

◎3　緊急時の「託児・送迎」サービスがある

【ファミリー・サポート・センター】

沖縄市のジョブカフェと併設している「ファミリー・サポート・センター」（沖縄市中央パークアベニュー通り）（沖縄市役所1階）とうるま市の「就活サポートであえ〜る」にはキッズルームがあり、就職活動に関する託児利用であれば3時間無料で預かってもらえます。

各地にあるファミリー・サポート・センターは、働く人々の仕事と子育てまたは介護の両立を支援する目的から設立されました。地域において育児や介護の援助を受けたい人と支援できる人が会員となり、育児や介護について助け合う会員組織です。有償ですが会員になって登録しておけば、たとえば急に残業になったとき、保育園に代わりに迎えに行ってもらうことも可能です。私も会員になりました。

小さい子どもがいる場合、残業ができない人がほとんどですが、このようなサービスに登録しておけば、必要に応じて残業ができることをアピールでき、評価してもらえるかもしれません。特に就職の面接などではアピールになると思います。もし、自分の子どもを家庭で見ているとき、余裕があれば、逆に預かってあげることで報酬を受け取ることもできます。

各地の窓口は、巻末資料の【沖縄移住生活便利帳】をご参照ください。

◎4　沖縄のインターナショナルスクールは安い！

日本人は学校で英語を何年も習っているのに、簡単な挨拶さえもできない人が多いことが随分前から問題になっています。学校教育も昔と違っていろいろな取り組みをしているとは思いますが、まだまだ求められているほど英語教育の効果は上がっていないのが現状です。

ところが、実際に外国人が多く英語が当たり前に飛び交っている沖縄では、飲食店の「おじぃ」や「おばぁ」が適当な英語？　で平気で料理の注文を取っています。「ビーチパーティー」ではなく「ビーチパーリィ」と言ったり、「サンドイッチシャープ」「コーヒーシャープ」と書かれている昔ながらの店があります。これは耳で聞いたそのままを言ったり、文字にしているのです。たしかに「ショップ」というより「シャープ」のほうがアメリカっぽく通じる気がします。ちなみに、サンドイッチシャープなのにサンドイッチはなく、定食屋だということもあります。

東京近郊でインターナショナルスクールに通うとなると、年間300万円以上の授業料がかかることが普通で、これではちょっといい給料をもらっている人でもかなりの覚悟が必要でしょう。

しかし、沖縄のインターナショナルスクールの授業料は150〜200万円。ただ、注意が必要なのは、学校教育法上の義務教育を修了したことにはならない無認可校、「各種学校」などとされ、日本の公立学校に進学するときは試験を受けなくてはならない場合があることです。しかし、格安料金で子どもの国際感覚を育てられることは魅力でしょう。

◎5　何と！　沖縄でアメリカの学位が取れる！

沖縄にいながらにして、アメリカの大学でリーズナブルに学べる「米軍基地内留学」があります。多額の費用をかけてアメリカ本土に留学することなく、沖縄県内に居住しながらアメリカ本国の大学の分校に就学ができ、同等の学位を取得することが可能です。

さらに夜間大学なので、昼間はほかの大学で学んだり、働きながら就学できたりすることも大きな魅力です。セントラル・テキサス大学、メリーランド大学、エンブリー・リドル航空大学、トロイ大学の４つの短大・大学・大学院から進路が選べます。

じつは１９８７年から「(公財) 沖縄県国際交流・人材育成財団」で国際化時代への対応、沖縄県の振興を担う人材の育成を図るため、沖縄県にある米軍施設・区域内大学への就学者推薦事業を行っており、毎年4月初旬からゴールデンウィークがはじまる前ぐらいまで募集しています。募集人数は短大・大学・大学院とブリッジプログラムを合わせて70人程度です。ブリッジプログラムとは語学力が不安な人のためのプログラムで、非英語圏の学生を対象にした語学強化のプログラムです。ここでの評価がC以上でメリーランド大学への進学が可能になります。

出願資格は日本国籍を有する人で、通学可能な範囲に居住していること（もしくはその子弟であること）、左記の条件もクリアしていること。

・募集年度の4月1日まで1年以上沖縄県に居住している（またはその子弟である）
・高等学校を卒業した人、またはそれと同等以上の学力があると認められる人
・「高等学校卒業程度認定試験（旧大検）」に合格した人
・大学院応募者は学士号を取得した人（海外の大学においては募集年度の6月取得見込みの人）で、2・5以上のGPAを満たしている人

第一次選考は5月中旬TOEFL ITPを実施（英語能力公式スコア提出者は免除）。一次選考通過者は6月中旬に面接試験（日本語・英語）を実施。7月上旬に合格発表されます。

■大学名および、学位・英語能力公式スコア基準点等

種　別	大　学　名	TOEFL		英検	IELTS	GPA
		(iBT)	(ITP)			
短　大(準学士)	セントラル・テキサス大学	68	520			
大　学(学士)	メリーランド大学	79	550	準1級	6.5	
大　学(学士)	エンブリー・リドル航空大学	79	550		6.0	
大学院(修士)	トロイ大学	70	523		6.0	2.5以上
大学院(修士)	エンブリー・リドル航空大学	79	550		6.0	2.5以上
ブリッジ・プログラム(ESL)	メリーランド大学	45	450	2級		

詳細な基準は（公財）沖縄県国際交流・人材育成財団で確認してください。

募集要項や出願書類は財団のホームページよりダウンロードができます。詳しくは左記財団へお問い合わせください。

・（公財）沖縄県国際交流・人材育成財団奨学課
電話：098−942−9214　FAX：098−942−9220
公式サイトURL：http://www.oihf.or.jp/

教育に関しては低評価な報道ばかりが目立つ沖縄ですが、世界中から優秀な研究者が集まってくる沖縄科学技術大学院大学（OIST）や医学部のある国立大学もあり、東大医学部などに毎年何人も進学させている偏差値の高い学校もあります。調べてみると意外とよい教育環境があります。

第6章

沖縄の気候

◎1　台風銀座！　「ユニオン」が閉まったら危険！

火山が少なくて災害のイメージがあまりない沖縄ですが、実際に移住するとなると本当に安心して住めるのだろうか。一番の不安は、夏に襲ってくる台風でしょう。たまに本州を台風が直撃すると交通はマヒし、大きな被害が出ます。沖縄ではそんな台風が夏の時期に毎月いくつも上陸しているとなれば、どんなことになるのか想像もつきません。外に出られる日はいったい何日あるのでしょうか。

【巨大台風】

沖縄には、瞬間最大風速が60メートル、70メートルなんていう信じられない台風が毎年来ています。風速は1秒間に進む距離です。1秒で70メートル進むという速さはいまいちピンとこないので、時速に換算してみると、なんと252キロメートルです。

この本を書いている2015年9月28日には、与那国島で観測史上4番目に強い瞬間最大風速81・1メートルを記録しました。1966年には、宮古島で国内の平地での最高記録である85・3メートルという瞬間最大風速の記録を出しています。時速にしてみると300キロメートルを超えています。

気象庁による風力階級という指標があります。

10分間の平均風速15〜20メートルで「強い風」と表現され、人が風に向かって歩けなくなる。風速20メートル以上で「非常に強い風」と表現され、細い木の枝が折れたり木が倒れはじめたり外出はきわめて危険になる。

30メートルぐらいになると「猛烈な風」と表現され、走行中のトラックが横転。35メートル以上では多くの樹木が倒れ、電柱や街灯、ブロック塀も倒れるものがある。しかし、85・3メートルという史上最大の強風記録を出した宮古島では、そのときの死者はひとりもいなかったのです。

やはり毎年何回もあることなのである程度予測できるため、事前に必要な備えをする時間的余裕があることも理由かもしれません。沖縄の人々はいつでも自然に敬意を払い、島全体で備えているのでしょう。

台風のときは通り過ぎるまでは完全に孤立状態です。

本州では地方でも何年かに1回、何十年かに1回あるかどうかのため、自治体はそれに対して備えられません。そして本土の人たちは、大災害が予想されているときまで、自らの命を自治体に無防備に預けて頼り切ってしまっているのです。

こうした考え方が沖縄とは根本的に違うようです。

沖縄にやってくる台風は、2つのパターンがあります。

1つは、赤道付近で発生し、発達しながら北向きの対流に影響を受け、基本的には北上します。夏の時期は太平洋高気圧が沖縄付近まで張り出しているので、ちょうど沖縄あたりで高気圧の外側の縁に沿うように進路を変えます。そのため、進むスピードも落ちてきて、強い勢力を保ったまま台風が比較的長い時間沖縄付近にいることになります。

その後、偏西風の影響で本州に接近して縦断するようなコースを進みます。そのころには勢力も落ちてきます。

もう1つのパターンは、北上せずにユーラシア大陸に向かっていく台風です。これは勢力がとても強いものです。八重山諸島や宮古島などの離島は、沖縄本島よりさらに南にあり、甚大な被害が出ることがあります。

本島にあまり影響はなくても、宮古島や石垣島に上陸した台風は「沖縄地方に上陸した」と表現されます。沖縄は夏の時期はいつも台風に襲われているイメージがありますが、実際に本島で生活していると思ったほどではないのです。

ただもちろん、いったん暴風域に入ると、とてつもない風が吹き荒れ、木や電柱なども なぎ倒され、停電したりもするので、準備は万端にしておかなくてはいけません。

台風前はスーパーが混雑していて、もたもたしていると食材が売り切れていることがあります。電気を使わなくても食べられるようなものからなくなっていきます。また、電気が止まると水も止まってしまいます。バスタブがあるなら水を溜めておけばトイレも流せるし洗い物にも使えます。

ガソリンスタンドも暴風時には閉まってしまいます。重心が高いミニバン風の軽自動車などは強風で横転してしまうこともあり、事前にガソリンを満タンに入れて重心を低くしておきます。台風後は塩害で錆びないように洗車機を使って洗車する人が多くいるので、ガソリンスタンドも混み合います。

家に閉じこもるとやることも限られるので、レンタルのＤＶＤもほとんど店からなくなります。早めに借りておきましょう。停電してしまったら観られないのが残念ですが、電池式のポータブルタイプのプレーヤーなら電池が切れるまでは楽しめます。

大型のショッピングセンターは、台風直撃コース以外ならほとんど開いています。自家発電もあり、夜遅くまで営業しています。家族揃って利用している人が多く、混雑しています。

さすがに直撃することが予想されるときは閉まってしまいますが、「ユニオン」という小さなスーパーは結構ギリギリまで開いていますので、何か買い忘れたときには重宝します。「ユニオン」が閉まっていたら本格的に要注意です。

台風時は居酒屋が昼間から大繁盛しています。「明日も休みだ！」と喜んで飲んでいたら、意外と早く通り過ぎてしまい出勤になった、という人も毎回います。

コンビニとコールセンターは、台風が来たときでも基本的には休みません。ある若い男性がコールセンターで働いていて、昼食を買い忘れてコンビニに買い物に行ったのですが、瞬間的な突風にあおられ、国道の反対側の歩道まで転がってしまいました。風で体が浮き上がり、ぶつかって止まるまで何もできなかったそうです。幸いにもかすり傷と少しの打撲ぐらいですんだようですが、命に関わるところでした。

暴風警報が発令され、バスやモノレールも止まってしまうと、役所も学校も休みです。病院も救急以外の外来診療は休みになります。本来は外に出ないのが基本です。

沖縄気象台の暴風警報の発表基準は平均風速25メートルです。

警報解除時刻により学校などの対応は違います。インターネットで確認することをお勧めします。

気象警報や注意報、解除時刻を知るには、「国土交通省　防災情報提供センター」のサイトから、「気象警報・注意報」に入り、お住まいの地方をクリックすると確認できます。URLは、巻末資料【沖縄移住生活便利帳】をご参照ください。

【家屋】

沖縄の家屋は頑丈です。毎年のように大型台風に襲われている沖縄ですから、ほとんどの家はコンクリートで建てられています。サッシも本土のものより重く、掃き出し窓のサッシ1枚が20キロぐらいあります。男性でももち上げるのに苦労します。

頑丈で重いサッシなのですが、強風の圧力で雨水がサッシの下のレール部分から噴出してくることもあります。そうなると、あたり一面シャワーを振りまいたように水浸しになります。それを防ぐために、サッシのレールに新聞紙やボロ布などを挟んだりして対応しています。マンションのベランダには、排水溝が詰まると水槽のようになってしまうタイプがあり、高層階なのに床上浸水ということも起こるようです。

迷惑ばかりの台風ですが、じつは恵みの雨を大量に運んでくれるという面があります。沖縄は海のなかにポッカリ浮かぶ島。毎年夏は水不足になるのです。水不足解消という意味では台風はありがたいものなのです。

温度が上昇する海水をかき回して冷やしてもらわないと、世界中から評判の綺麗な海に欠かせない珊瑚なども死んでしまうそうです。かなりの暴れん坊ですが、沖縄にとっては大事な友だちでもあるのです。

◎2　沖縄は暑い！　でも真夏は本州より低い気温

沖縄の夏は確かに暑いです。

直射日光に当たっているところでは冬でも暑く、真冬の2月に車のエアコンを使ったりすることもあります。

しかし、最高気温は本土のように40度近くまで上昇することはなく、だいたい32〜33度ぐらいです。それではなぜ暑く感じるかというと、ジリジリと焼き尽くすような太陽光線が実際よりも強く感じられるからだと思われます。だから、いったん木陰に入ると意外と

■那覇市の気温
（年平均気温:23.1℃　統計期間:1981 ～ 2010 年、気象庁）

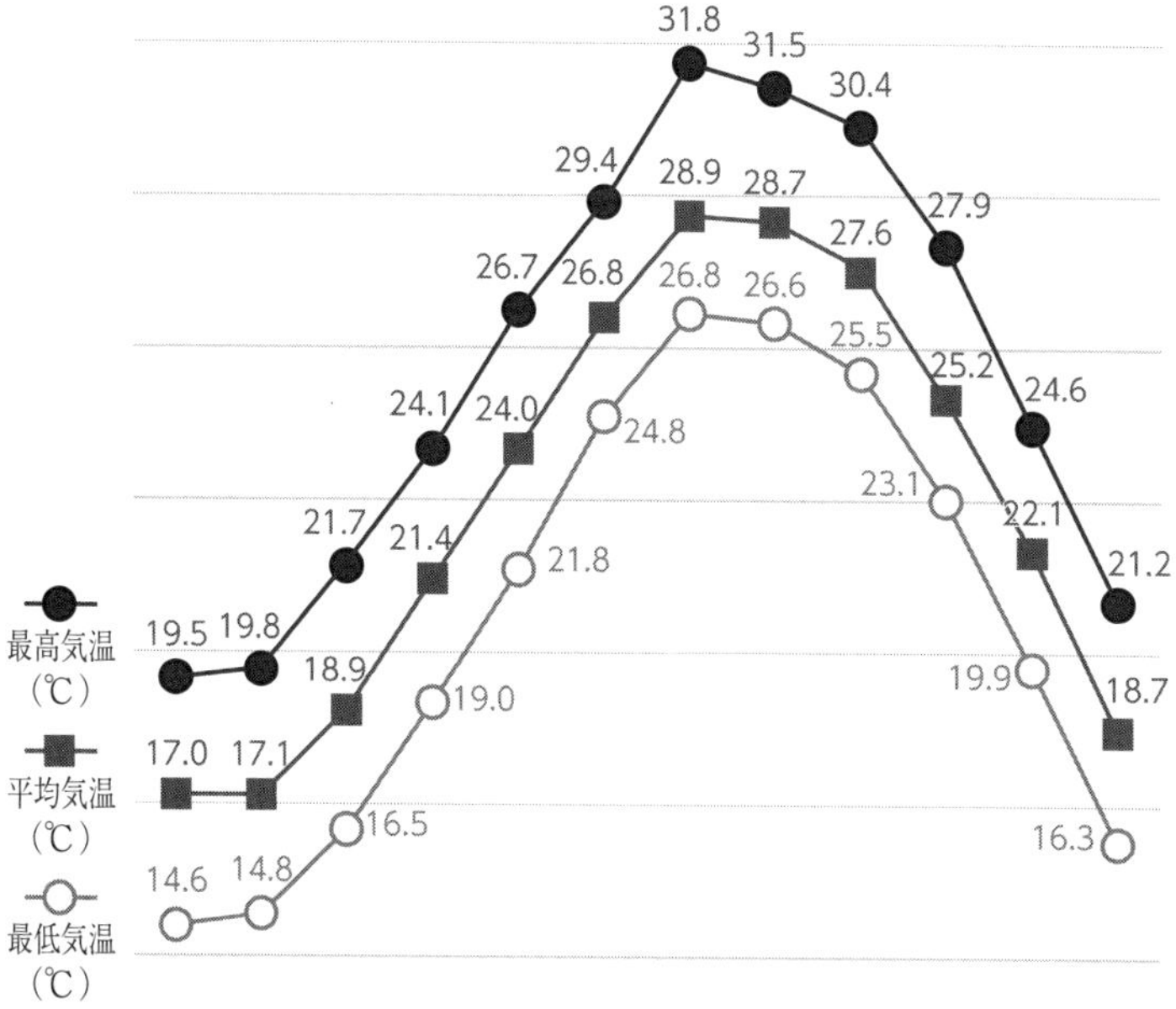

	1月	2月	3月	4月	5月	6月	7月	8月	9月	10月	11月	12月
最高気温（℃）	19.5	19.8	21.7	24.1	26.7	29.4	31.8	31.5	30.4	27.9	24.6	21.2
平均気温（℃）	17.0	17.1	18.9	21.4	24.0	26.8	28.9	28.7	27.6	25.2	22.1	18.7
最低気温（℃）	14.6	14.8	16.5	19.0	21.8	24.8	26.8	26.6	25.5	23.1	19.9	16.3

最低気温が高いので、冬に、暖かい部屋から急に寒いトイレなどに行って体に負担をかけることがあまりありません。

涼しく感じられるのです。

亜熱帯の沖縄ですが、周りが全部海に囲まれている海洋性気候のため、海風が吹いていて熱がこもらないので気温が上がりません。風が通り抜ける高台などでは、エアコンがない家もあるそうです。ただし湿度が高く、夜になってもあまり気温は下がらないので、夏は寝苦しい夜が続きます。北部では那覇より温度が2～3度ほど低いので、特に山などに行く場合は上着を1枚多めにもっていくとよいです。

◎3　沖縄は寒い！　年中泳げると思ったら大間違い！

また、沖縄は意外と寒いです。常夏のハワイのように、年中泳げるなどと思っていたら大間違い。冬の夜は10度ぐらいまで気温が下がる日が何日かあります。北部の山間部では5度近くまで下がることもあるのです。２０１６年1月には沖縄本島でも雪が観測されました。

それでも本土のように道が凍ってしまうような寒い日が何カ月も続くわけではないので、暖房はあまり使いません。私が移住してきたとき、沖縄では暖房器具は使わないと勝手に思い込んで捨ててきてしまいましたが、あったほうがよかったと思って後悔しています。

◎4　亜熱帯だが常夏ではない！　2年目の冬は寒い！

沖縄の冬は曇りの日が多くなります。夏でも木陰に入ると涼しく感じますから、冬に曇ればやはり寒くなるのです。特に夜は寒いので、私は長袖薄手のダウンを買いました。晴れて直射日光があれば暖かいので、1年目は本土の感覚からすると暖かく感じられ、長袖のシャツを着たくらいですみましたが、2年目になると沖縄の暑さに対応できる体になってきたのか、冬の寒さを感じるようになってきました。いまでは薄手のダウンジャケットを着るときがあります。それでも、夏は40度近く、冬は0度以下にもなる本土に比べると、沖縄はせいぜい20度くらいの気温差です。沖縄にいるほうが、断然体への負担が少ない暮らしができるのです。

第7章

沖縄で起業してみる

沖縄県民は、いままでは基本的に米軍基地の外国人を相手にいろいろなビジネスをしてきましたが、最近では幅広い外国人に向けたビジネスが展開されてきています。

２０１５年11月の沖縄県の観光客数は、前年同月比９・８パーセント増の61万９６００人で、前年実績を上回るのは38カ月連続だそうです。沖縄県では、観光客数は今後も堅調に推移すると見ているそうです。

外国から来る大型クルーズ船が停泊できる港が狭いため、希望があったにもかかわらず入港できなかった船が42隻もあったこともあるそうですから、今後は施設を整備する計画を急ピッチで進めるようです。

特にアジアからの観光客を受け入れることができれば、しばらくは安泰かもしれません。海外だけでなく、国内からの観光客もリピーターがドンドン増えているということです。２回目、３回目と何回も来る人がたくさんいるということは、やはりそれだけ魅力があるのでしょう。

観光客をターゲットとしたビジネスで成功した人がいたり、単身でフラッと来た人が、沖縄の人には当たり前すぎて気付かない魅力を発見し、それをもとにビジネスを興して成功したりしている例はたくさんあります。

ここでは、私が出会った方々で、沖縄に魅力を感じて家族で移住し、起業して成功した事例をご紹介しましょう。

◎　移住して起業した人の事例①

■「受けとめる子育て」提唱者・子育てセミナー講師
新保　善也さん　（島尻郡八重瀬町在住）

千葉県出身の新保さんは、当時めずらしい男性の保育士でした。何不自由なく育ちましたが、高校生のときに病気で母親が他界したのをきっかけに家族が崩壊し、寂しい日々を送ったといいます。そのような寂しい思いを子どもたちにさせたくないとの思いから、保育の道を志したのだそうです。

学校を卒業したあと、保育現場で保護者や子どもたちから多くの信頼を得て、やりがいを感じつつ働いていました。しかし、正義感が強く自身が親であることもあり、実際の保育と本来受けられるべき理想的な保育とのギャップに悩みながら、信頼に応えようと頑張りました。

ところが、ベテランとしてすでに働いている女性保育士のなかに、さらに理想の保育を求めようとする男性が入ったため、職場でのいじめに遭ったそうです。そのことが原因で職場どころか保育現場には二度と戻らない覚悟までして、天職だと思っていた保育の職を離れる決意をしたのです。

沖縄に来たのは、沖縄の離島である宮古島で農業体験をしたことがきっかけでした。とてもよい体験で、沖縄で農業をすることを目標に移住しました。奥様も沖縄が好きだったらしく反対もされなかったそうです。

しかし、沖縄に来て暮らしてみると、学んできたその保育の知識を必要としている方が多くいることを感じました。そして、保育現場以外から力になれることもあると考えるようになり、父親として培った子育て術や保育士としてのいままでの経験をもとに、家族の愛を感じながら毎日笑顔で過ごせるメソッドを開発しました。

それから、沖縄県の教育機関や市町村主催の講座で、特別講師として保護者や子どもたちにそのメソッドを伝えはじめたのです。講演会に来る参加者の数は徐々に増えていき、2年間で500名を超えました。ホームページ「受けとめる子育て」、ＹｏｕＴｕｂｅチャンネル「受けとめる子育て放送局」や、ラジオ番組などでも情報を発信するようになり、沖縄県の2大新聞社から取材も受けるなど、活躍の場がドンドン広がっています。

現在は沖縄県の教育機関や自治体のみならず、全国から授業や特別講師、セミナー講師、ラジオパーソナリティとして多くの依頼を受けるようになりました。

そして、フィンランドやニューヨークにある国連の教育現場に視察に行ったりするなど、海外にまで活動の場を広げています。さらに、その独自のメソッドを本にするために執筆活動も行っています。

■新保さんご一家

◎ 移住して起業した人の事例②

■MONO-style LLP代表
長谷川 徳生さん（那覇市在住）

東京に住んでいた長谷川さんは、世界に名だたる企業の広報担当者でした。
沖縄に来た理由の1つは、子どもが前々からアレルギーや喘息でとても苦しんでいて、何とかしてあげたいと考えていたからです。どんなに苦しんでいても代わってあげられないのがとても辛く、環境を変えなくてはいけないと思ったことと、南国での生活に憧れていたこともありました。

家族を沖縄に移住させた長谷川さんは、週末に家族とともに沖縄で過ごし、月曜日から金曜日までの平日は自分だけ東京で働くというスタイルで沖縄生活をはじめました。最初のころは、週末は沖縄に来て休日を過ごし、「東京に帰る」という気持ちが強かったのが、いつのころからか那覇空港に降り立つと「ほっ」としている自分に気付きはじめ、沖縄に到着すると「帰ってきた」と思うようになったそうです。

そうなると東京にいる時間が無駄に感じ、それを減らしたいと考えるようになり、沖縄にいる時間を徐々に増やす工夫をするようになりました。そして、沖縄でもできる仕事と東京でなければできない仕事を振り分けました。

その結果、子どもと関わる時間が増えたことが自分にとってとてもよかったと感じているそうです。子どもはあっという間に大きくなってしまうことを実感し、東京で忙しさに流されていては多分得られなかった時間を、いま家族と共有できているといいます。

そして、子どもたちにとっては自然が身近にあるので、机の上だけではない広い意味での教育にも

■長谷川さんご一家

よく、何より家族全員が健康に過ごせているそうです。

移住のもう1つの理由は、英語です。長谷川さんはグローバル企業の広報担当なので、英語もネイティブレベルを求められています。

長谷川さんが英語を本格的に勉強したのは30歳を過ぎてから。仕事で必要なので仕方なく苦労して英語を身に付けたということです。

これからは、日本で暮らしていくにしても英語は最低限必要になってくることは肌で感じていました。

「子どものころから英語に慣れておかなくてはいけない」

「子どもたちに自分のような苦労はしてほしくない」

そこで、子どもたちを英語環境で学べるインターナショナルスクールに通わせることを考えたのです。ただ英語が話せるだけではなく、カルチャーや宗教観などをはじめ、ダイバーシティ（多様な価値観）も幼いときから身に付けてほしいと思いました。

さまざまなインターナショナルスクールを検討したそうです。そのなかに「国際バカロレア」という日本の文部科学省認定の、国際的に通用する教育プログラムを採用している学校がありました。国際バカロレア認定校は、日本に20校ぐらいしかありません。沖縄にもあることがわかったので、学校訪問してみると、フレンドリーな雰囲気がとてもよかったそうです。現在、2人の子どもがそこに通っています。

子どもが幼稚部にいたとき、宿題のことで相談に来たときにはとてもビックリしたそうです。

「お父さん、エンデンジャード・アニマルズについて教えて!」。

「えっ! 絶滅危惧種という意味だけど、どうしたの?」

「私、ペンギンのパートになったから」とのことでした。

なんと、絶滅危惧種についてのディスカッションを、まだ小学校に行く前の子が普通にやっていたのです。

ただし長谷川さんは、こうも言っています。

「英語はただのツールなので、英語だけのために学校に入れるのはやめたほうがよい。ネイティブといわれる英語を話す人たちのカルチャー、宗教、考え方のなかで自分の考えをどのように説明するのか。そのようなコミュニケーション力を養わせたいんです」

長谷川さんは、学校のPTA会長などの役も引き受けるとともに、広報のアドバイスもしていました。徐々に、しかも自然に沖縄にシフトしていき、仕事で広報担当としての契約更新のときに合わせて東京の会社を退職。沖縄での生活をゆっくりと楽しめるようになりました。

理想としている教育を子どもに受けさせることもでき、自身も企業の広報についてコンサルティングする会社を沖縄で立ち上げ、講演活動や大学で非常勤の講師も依頼されるようになりました。沖縄には、PRをどのようにしていけばよいかわからなくて困っている自治体や企業、団体などがあるので、長谷川さんのコネクションや知識がこれからの沖縄の役に立っていくことでしょう。

◎ 移住して起業した人の事例③

■株式会社はっぴー・しーさー代表取締役

黒田　範彦さん（那覇市在住）

静岡県の伊豆に住んでいた黒田さんは19歳で大学を中退し、いろいろな職業にチャレンジしました。ギタリスト、パチンコ店の店員、政治家私設秘書、ダムの警備員などなど。

しかし、「自分の力で直接人の役に立ちたい」と、夜間にホテルのフロントマンをしながらファイナンシャルプランナーの資格を取得しました。その後、地元の損害保険会社で働き、来店型保険ショップの店長を歴任。赴任先の山梨県で結婚し、長男も授かります。仕事も乗りに乗っていました。そして、秋田県の地方銀行の保険販売指導員として抜擢されます。しかし黒田さんは見知らぬ土地で、温かく親切にされながらも、仕事では「何をしてもうまくいかない」という人生初の辛い経験をします。自分は銀行という組織には向いていないことを痛感しました。

黒田さんが銀行に向いていないことを察知した当時の社長に、「どこか、行きたいところかやりたいことがあるのか?」と問いかけられました。黒田さんはそれまでそんなことを思ってもいなかったのに、不意に南国の島の風景が頭に浮かび、思わず「離島に行くなんていいですねえ」と答えました。

ちょうどそのとき、沖縄県の離島に支店を出す計画があり、翌日、社長から、「南国の人みたいな顔をしているし、ちょうどいいや。落ち着いたら石垣島でタバコ屋さんみたいな店舗で子どもを育てながら店をやればいいじゃん!」と豪快に沖縄行きを命じられました。

東北の町から今度は南の果ての島です。そう簡単に決められることではありません。ところが、「わかりました」と2秒で即決。沖縄に呼ばれているような不思議な感覚を覚えていました。

沖縄にやってきた黒田さんは、「自然のなかに神様がいる」という感覚で生活する優しい人たちに囲まれて仕事をしました。そのうち、そんな素朴な人々の生活を守ることが自分の使命なのではないかと思うようになりました。

沖縄の生活スタイルも自分に合っていてドンドン好きになり、会社の儲けを優先することなく、本当にお客様のためになる商品を提供していきたいと思いました。

「育児にも参加したい」という気持ちも出てきたことで、沖縄を一生涯の拠点にして独立すること決意します。手数料が多くもらえるだけの金融商品を勧めることをやめ、「保険の見直し」と称する成績を上げるための保険掛け替えなどもしませんでした。もらえる保険金をしっかり請求できる、本当にお客様のためになる財務コンサルタントとして起業しました。

黒田さんはその幅広い知識から、保険や財務だけでなく歴史、心理、食育、宇宙のことまで話せます。お客さまから、「結局ここは何屋さん？」と聞き返されることも。

「多くの方の幸せに貢献したい」という理念のもとに活動している、そんな黒田さんを信頼して、いまでは個人、法人での相談件数は通算1000件を超えています。いま、沖縄の優秀なファイナンシャルプランナーたちで最高のノウハウやスキルを共有し、全国屈指のファイナンシャルプランナーの集団をつくるという夢があり、そのためのノウハウも人材も集まりつつあります。

独立するのに不安はなかったか聞いてみると、「10年も同じことをやっていればば独立するための知識は揃っているはず。信じて進めばさまざまな扉が開かれていくことを、身をもって体感した」と

■黒田さんご一家と、社員のみなさん

黒田さんは言っています。

◎起業に向けて① 県立図書館「ビジネス支援コーナー」でデータを集める

起業するため、または起業してから役立つ図書館が那覇市にある県立図書館です。一般的に、起業して成功するためにはマーケティングが大事だといわれますが、「マーケティングって何?」という人にとってはマーケティングについて書かれた本があり便利です。

はじめて起業する人のための本や、起業に興味がある人のために書かれた本など、「ビジネス一般」「起業・経営」「就職・キャリア」「パソコン・IT」など、約5000冊のビジネス関係の図書が揃っており、約50種類ものビジネス関係の雑誌もあります。もちろんほかの図書館でも、そのジャンルの書籍は置いてあることはありますが、何より県立図書館ではローカルな図書館とは違い、「ビジネス支援コーナー」もあり、商用データベースが使えます。

・市場情報評価ナビ（MieNa）

いろいろな統計データと地図情報をクロスして、特定市区町村のマーケット評価や町丁別で500メートル、1キロ、3キロ圏内の人口・年代構成・富裕度・事業所数・住居の状況・消費動向など全国のさまざまなデータを分析・評価することができます。

・D1―Law・com（第一法規法情報総合DB）

法令・判例を調べることができます。

・「東商企業要覧」（東京商工リサーチ）

業界や地域経済を牽引する有力企業や新興企業の会社概要・規模・事業内容・業績・信用度などを調べられます。

・「業種別審査事典」（きんざい）

総収録業種1470の特色、業界動向、業務知識、業界の課題と展望、関連法規、業界団体などが記載されています。

・「未来予測レポート２０１３－２０２５」（日経ＢＰ）

２０２５年までに産業・社会・マーケットがどう変化していくのか、将来の世界観、変化のシナリオがわかります。当たるとは限りませんが参考にはなると思います。驚くべきはその価格が15万円もすることですが、もちろん無料で読めます。

・そのほか

沖縄タイムス、琉球新報、朝日新聞、日経新聞の新聞記事を探したり、日経ＢＰ社発行雑誌の記事を探したり、官報情報を検索したりすることもできます。

図書館にそんなコーナーがあること自体、私にはビックリでした。新聞も沖縄の新聞、本土の新聞だけでなく業界紙まで置いてあります。

読書するための机もかなり配置されているのですが、勉強部屋の代わりに使っている学生が多いので、利用したいときは早くから行かないと席が埋まってしまいます。

◎起業に向けて②「事業計画書」を作成し創業融資を受ける、女性はさらに優遇？

全国的に見ても、10年続けられる会社というのは意外にもほんの一握りだそうですが、沖縄は起業する人数がとても多い反面、廃業する人も同じように多いようです。

起業前に商工会議所・商工会を活用すると、起業に必要なことや、起業する前にやらなければならないことが事前にわかります。準備不足で起業してからバタバタすることがなくなりますし、事業をするに当たっていろいろな専門家からの支援も受けられます。

私が受けたのは「創業塾」です。毎週日曜日1カ月のコースで、創業・起業するために大事なことを勉強する講座です。この講座では事業を成功させてきた先輩たちのセミナーを受けたりして、事前に実力をつけて「事業計画書」を作成し、創業融資を優先的に受けられるようになります。

同じような時期に起業しようとがんばる仲間ができるよい機会でもあります。ある程度起業することが決まっていれば宣伝にもなりますし、一緒に協力して新しいビジネスを発展させる出会いがあるかもしれません。私が茨城県で自営業をはじめたときは、大きな借金をせずに自己資金だけで細々とやっていたため、大きくは成長させられませんでした。ちょっと仕事が増えると自分ひとりでやり繰りしなくてはならなくなってしまい、商工会議所・商工会のセミナーなども受けることさえできませんでした。

たしかに借金をしていなければ大きな失敗はしなくてすみます。小さくはじめて大きく成長させるのが一番だとは思います。小さな自営業を長くつづけるコツは、入ってくる金額以上にお金を使わないことだと思いました。

ところが、10年は何とか続けられましたが、大した成長はさせられなかった私の自営業を、「創業塾」での勉強を踏まえて振り返ると、無駄なことが多く、忙しかっただけで何もかも中途半端になっていたような気がしてなりません。

せっかくはじめるなら、最初からしっかり企業理念や目標をもち、経営の方法や理論を教わり、無理や無駄のない計画を立てて起業することが大切です。そうすれば、成長戦略をもって安定した会社経営ができますし、さらに楽しい沖縄生活を送れるのではないでしょうか。本土の都市部などでは当たり前にやっていることかもしれませんが、沖縄ではそこまできちんとやっているところは、意外に少ないのではないかと思います。

女性なら「子育て女性起業支援助成金」という制度もあります。12歳以下の子どもと同居していて、雇用保険の加入期間が5年以上あり、有効求人倍率が全国平均を下回る地域に住む女性が自ら起業をし、条件に該当する場合、助成されるものです。

◎ 起業に向けて③ 成功した人が必ず口にする言葉

「沖縄で成功した人に片っ端から会いに行って話を聞いた」というのが、沖縄ビジネスプロデューサー・セミナー講師・名刺マーケティングコンサルタントをしている新里哲也さんです。新里さんは、「成功した秘訣を教えてください」と、成功者といわれる人たちに聞いてみたそうです。すると、ほとんどの方がニュアンスは違えど同じようなことを言うのだそうです。

「私が成功したのは○○さんに出会ったからだよ」

いくつかの秘訣があったとしても、話のなかには必ずそのことが入っていたのだそうです。どん底だった人生が、ある人との出会いからよい方向に向きはじめるのです。

どこに行っても同じだとは思いますが、特に沖縄県は横のつながりが大切なのだと思わせるエピソードです。

第8章

沖縄の生活情報

◎1　主なスーパーは「イオン」「サンエー」「かねひで」「ユニオン」

沖縄には、昔ながらの小さな店（お弁当や食材店）や、ある程度の生活必需品を扱う共同売店がまだ多くあります。地方の集落にはもちろん、市街地にも点在しています。そうした店がそこに住む人たちの生活を支えています。

ちょっと人口の多い街になると、沖縄ならではのスーパー「サンエー」「かねひで」「ユニオン」があり、本土ではおなじみのイオン系列の「イオン」「マックスバリュ」「ザ・ビッグ」と全農の「Ａコープ」があり、那覇市近郊では「りうぼう」があります。

イオンやＡコープ以外は聞き慣れないスーパーですが、夜12時まで営業していたり、都市部では24時間営業している店もあります。銀行のＡＴＭもあるので、夜型の沖縄の人にとってはありがたい存在で、コンビニのように使えます。

那覇市内は、狭いエリアにいろいろなものが密集しています。空港、港湾、県庁、市役所、銀行、大学、病院、さまざまな会社の本店や支店、高級リゾートホテル、ビジネスホテル、民宿やゲストハウス、首里城や国際通りなどの観光地、そして湘南やお台場などより断然綺麗なビーチがあります。

がんばればすべてを1日で回れる距離にあるほど、とても便利な街になっています。

そんな便利なところにマンションやアパート、住宅地があり、実際に人が住んでいます。

同じような環境なら、東京では家賃がとんでもなく高くて庶民には住めませんが、那覇市内なら新築物件にこだわらなければ意外と安く借りられたりします。

【スーパー】

主なスーパーを紹介しましょう。

・サンエー

南部・中部・北部、宮古島や石垣島などの離島まで広範囲に出店しています。「メインプレイス」や「○○シティ」と名前につくところは、直営の衣料品店や食料品店だけでなく、電気店、書店などの専門店やレストランが入った大型ショッピングモールになっています。駐車場も広く、ゆったり1日過ごせるような場所になっています。名前に「V21」がついているサンエーは、食料品と生活用品を中心に扱っています。

・イオン

沖縄の人からは昔の名前「ジャスコ」といまだに呼ばれることが多い「イオン」ですが、資本は本土ではなく「イオン琉球」となっています。新しくできた「イオンライカム店」は、映画館や沖縄初上陸の専門店が多数あり、ツーリストインフォメーションまでありま す。ゆっくり見ていると1日では回りきれないほど広い店舗で、米軍基地関係の外国人やアジア圏の観光客も押し寄せています。「イオン」は主要な都市には必ずあり、那覇店では「ゆいレール」の駅と直結しています。全体的に駐車場も広く、車で行くには便利です。

・マックスバリュ

「イオン」系列で「イオン」より小さい規模ですが、スーパーとしての品揃えはほぼ同じです。沖縄のスーパーのなかでは広めの店舗です。交通の便がよい場所で広範囲にあり、離島にもあります。「サンエー」と並んで有名なスーパーです。

・かねひで

沖縄の庶民的なスーパーで、「サンエー」や「マックスバリュ」がない地域にも出店している、少し小さめのスーパーです。店舗にもよりますが、駐車場が狭いところもあり、駐車するときは注意が必要です。学生のアルバイトなどが夜遅くまでがんばっています。本土並みのサービスを求めるのは無理がありますが、リーズナブルで沖縄らしい雰囲気のスーパーです。

・ユニオン

「安さ」で勝負！　中・南部ではおなじみのスーパーです。店舗や駐車場などは狭く、安さを求める客でいつも混み合っています。台風のときでもなかなか閉めないことで有名なスーパーなので、「ユニオン」が閉まっているとなると、「今回の台風は危ない」という指標にもなるあっぱれなスーパーです。

・Aコープ

全農が全国で展開している野菜に強いスーパーです。郊外や離島にも多く出店していて、交通の便が悪いようなところにあるのがかえって便利です。定休日や営業時間が店舗によって違うところは注意しておきましょう。

・りうぼう

那覇の近辺にはけっこうたくさんあるスーパーマーケットで、24時間やっている店が多くあります。

・メイクマン

沖縄のホームセンターの代表格です。ＤＩＹ商品や生活雑貨、カーアクセサリーや工具、季節のスポーツ、アウトドア用品なども揃い、大型の商品を運ぶときにはトラックの無料貸し出しもしてくれます。

◎2 銀行口座は「ゆうちょ」に集約させておこう

沖縄には、本土の都市銀行が「みずほ銀行」しかありません。どうやら宝くじを発行する関係で、仕方なく一店舗だけあるようです。これまでは地元地銀の「沖縄銀行」「琉球銀行」「沖縄海邦銀行」と「みずほ銀行」による寡占状態が続いていましたが、沖縄経済の活況に目をつけた「鹿児島銀行」が、2015年9月28日、那覇市に沖縄支店を設けました。まず力を入れているのは個人ローンで、なかでも住宅ローンだといいます。貸出金利を本土並みに低く設定し、地元の3行より優位に立つ戦略だそうです。

【ゆうちょ銀行】

沖縄では「ゆうちょ銀行」が安心です。日本全国どこにでもあり、手数料をかけずに出し入れができます。何かあったときには、本土でも沖縄でも窓口に行くことができます。移住の際は、いったんすべて「ゆうちょ銀行」に集約して、沖縄で生活をはじめてからほかの口座を開設するとよいでしょう。

【イオン銀行】

イオンの店舗も多いので「イオン銀行」という選択肢もあります。ただし各店舗にあるのはATMで、窓口はイオンモールに限られます。沖縄では「イオンモール沖縄ライカム店」のみですが、年中無休で営業しているのがいいところです。

◎3　地方の村には大きな病院がない

何か持病がある人は病院が近くにないと、いざというときのことを考えて不安になります。綺麗な海や自然を求めていくと、どうしても都市部から離れていきますが、病院のことも考えておかなければいけません。

綺麗な海が自慢で移住者に人気の国頭郡恩納村は、国頭郡自体に大きな救急病院がなく、中部地区か名護市まで行かなくてはなりません。元気なときはよいのですが、大きな怪我や持病がある人はそのリスクを考えておいたほうがよいでしょう。

北部にドライブやバイクツーリングなどに行くときも、事故を起こさないように慎重に運転するべきです。下手をすると救急車が到着するまでに1時間以上かかったりするところもあります。そうなると助かるはずの命も助かりません。救急指定病院は巻末資料【沖縄移住生活便利帳】をご参照ください。

◎4　パスポートがいらない異文化体験

いま、東南アジアへの海外移住が人気です。円高の効果もあって、安く老後が送れると考えているからでしょうか。しかし、実際に移住しようと思うとかなりの勇気がいることで、十分な気力や体力も必要です。老後となると健康にも不安が出てきます。

いったん行ってしまうと友だちやコミュニティーはかなり限られ、いままでの友人や家族に会いたくてもそうそう会えないことも覚悟しなくてはなりません。しかも、最近では十分な年金が下りるのは退職して何年か経った後のことで、その空白期間はどんどん長くなるいっぽうで、ハードルは高くなるばかりです。

羨ましいとは思っても、行動に移せる人はそう多くはないでしょう。じつは私もそのなかのひとりでした。沖縄に目を向けると、東南アジアよりは生活費は高くなるでしょうが、日本の便利な生活ができます。しかも空や海の青さも違い、街並みも独特で、少し行き先を変えるだけでどこの国かと見間違うようなところがたくさんあります。

いくら外国人が多いとはいえ、パスポートはいらないですし、もちろん国際免許も必要ありません。

「本土で働いた経験をぜひ沖縄で生かしてほしい」と言われ、働くことも可能かもしれません（給料は安くなってしまうかもしれませんが）。

最近では、沖縄行きの航空機も増えて、時期をずらして早めの予約をすれば、破格の料金でチケットが取れる時代です。沖縄ならば、友だちや子どもや孫も喜んで遊びに来てくれるでしょう。

◎5　ジェット戦闘機の騒音は想像以上！

那覇市などで生活しているとそれほど感じないのですが、特に嘉手納基地の近くなどで生活をすると騒音が気になります。

飛行場のそばに住めば、多かれ少なかれ騒音被害に遭うことを覚悟しなければなりません。ジェット戦闘機の轟音によって人との会話ができなくなり、電波障害によってＴＶの画像も歪んでしまいます。

【米軍の騒音】

私の家は沖縄市の外れにあり、国道沿いで、もともと騒音がうるさいのですが、ジェット戦闘機はまるで暴走族が通ったときと同じです。米軍基地では、殺戮の道具で戦争の訓練をしているわけですから、人のことなんて気にもしていません。眼下にある学校で子どもが勉強していようが病気で寝ている人がいようがお構いなしで、騒音対策なんてしていない強力なジェットエンジン全開で追いかけっこをしています。

離陸する真下では、騒音計の針は100デシベルを超えています。飛行場のある嘉手納町や沖縄市の中心部には多額のお金が下りてよいのかも（よくはないと思っている人もいるはず）しれませんが、多少おこぼれがあるとはいっても、沖縄市でも郊外のほうでは微々たるものでしょう。それなのに被害だけは思い切り受けているといった感じです。税金で騒音の対策はしてくれるようですが、効果はそれほどでもないようで、静かにはなりません。また騒音だけではなく、ときには戦闘機やヘリコプターの部品が落ちてくることもあるようです。

私がそれでも住んでいられるのは、それほど音に敏感ではないのが理由の1つです。普段TVをあまり見ていないのももう1つの理由かもしれません。

昔はオートバイを改造して走り回ったり、レースに出場したりしたこともあり、暴走族の音は別にしても車の種類によっては心地よい音に感じるときもあり、エンジン音でうるさいサーキットでも寝ようと思えばコロッと寝られるような性格なのです。それでもたまにTVのニュースなどを見ていて、肝心なところが騒音で聞き取れないとイラッとすることがあるので、特別に神経質な人でなくてもかなり気になると思います。

基地がない地域を選んでも迷惑を被る場所があるので、特に音に敏感な方や夜勤があり昼間に眠らなければいけない方は、ジェット戦闘機やヘリコプターなどの通り道からできるだけ離れたところに住みましょう。

米軍は夜10時から早朝までは飛行機を飛ばさないと約束しているらしいのですが、守られた試しがありません。「アメリカに昼間に着くには、逆算すると夜間に沖縄から飛び立たなくてはいけないから理解してくれ」と理由にならないことを平気で言っているそうです。

休みの日やたまたま飛んでいない時間に物件を見に行って、意外と静かだと勘違いして住んでしまうと大変です。

国は、約束を守らない米軍に文句を言ってはくれません。日本人からでさえ、「基地がないところに引っ越せばよい」「基地があるのに後から来て文句を言うほうが悪い」と言われることもあります。しかし、戦闘機マニアにはたまらない環境であるかもしれません。航空ショーでもないのに低空で飛んでくれて、パイロットの姿までよく見えるのですから。

◎6　LCC（ロー・コスト・キャリア）と空港

成田空港でも、第3ターミナルというLCC専用のターミナルができ、LCCがドンドン普及してきました。かなり簡素なつくりのターミナルで、そういうところでも価格を抑えられるのはとてもよいことだと思います。

一方、那覇空港でもLCC専用のターミナルがありますが、いきなり予備知識なしで利用するとビックリします。

ここでは、成田空港の第3ターミナルと那覇空港のLCC専用のターミナルをご紹介しましょう。

・成田空港

成田空港の第3ターミナルですが、どのＬＣＣを利用するにしても時間には十分すぎるほど余裕をもって行かないといけません。最低でも空港の駅に1時間前には到着していないと危険です。成田の第3ターミナルは第2ターミナル駅から離れたところにあり、かなり歩きます。その距離730メートルで、普通の男性でも10分ぐらいかかります。途中に休憩のためのベンチと自動販売機があるぐらい長い距離です。

高速バスは第3ターミナルに最後に到着するので、第2ターミナルで降りて走ったほうが速いときもあります。巡回バスも走っていますが運行間隔が5分から12分で、一方通行のルートを複雑に走るため、所要時間が10分から15分ぐらいかかってしまいます。時間ギリギリのときは、バスに乗るよりは走ったほうが確実に速いような気がします。

道順はとてもわかりやすいです。通路の舗装が色分けされていて、第3ターミナルには青色に従って行けば案内板（そもそも案内板もあまりない）に頼らずに目的の場所に着くことができます。ただ、舗装の素材が陸上トラックのようなやわらかいゴムのようなものでできているので、スーツケースを転がしているとかなりの抵抗があり速く走れません。

そして、成田からの出発が重なる時間帯はチェックインカウンターがかなり混み合います。セキュリティチェックにも長い列ができます。

第3ターミナルは簡素なターミナルなので、第1や第2ターミナルでゆったり過ごしてギリギリに来る人が多いのも混み合う理由かもしれません。LCCは時間に遅れると待ってはくれませんので注意してください。

逆に、早く来る分には困りません。夜中に離発着する便があるため、ターミナルは24時間開放していて、寝転がれるようなソファや、飲食店街のテーブルや椅子なども利用できます。

無料Wi—Fiが使えて、コンセントも無料で使用してよいそうです。人の目が気にならなければ、夜に来て朝までホテルやネットカフェ代わりに使えます。第2駐車場ビルにはカプセルホテルがあり、有料ですがシャワー室のみの利用も可能です。

・那覇空港

次に、那覇空港のLCC専用のターミナルについてです。まず、着いてビックリするのが、空港から一番外れたところに到着することです。

タラップを降りて、自分の足で屋根もない滑走路を倉庫のような建物まで歩かされます。

一応何となく売店のようなところもありますが、気の利いたお土産は選べません。

ここは、貨物専用の倉庫にちょっと人が待っていられるスペースをつくっただけの空間です。バスや飛行機を待つ間、優雅にくつろぐ施設ではありません。乗客は、自分で動いてくれる荷物のような扱いです。荷物の受け取りにターンテーブルはなく、その場にドンドン下ろされていきます。国内線も国際線も、出発も到着も、チェックインも出国審査もこの場所で行います。

広い場所でもなく、荷物を受け取ったら連絡バスの列に並びます。国内線ターミナル4番のバス停で乗降します。大きな荷物や長いサーフボードなどがあると、ここで苦労します。自分で混雑するバスの中に持ち込まなくてはいけません。

このように時間も労力もかかりますが、その代わりに価格が抑えられるということです。ただ、安全性だけは抑えてほしくありません。

・羽田空港

LCC以外では、やはり羽田空港から発着しているJALやANAで、早割を使って家族で乗るのがよいのではないでしょうか。前もって、日にちが決まっているなら、早割りで意外と安く乗ってこられます。移住の一日目から我慢を強いられていてはたまりませんから。

成田に近い人は別にして、羽田空港が使えるのは便利です。羽田空港もかなり楽しめる空港で、「ただ飛行機に乗るためだけに使うにはもったいないなぁ」といつも思います。乗り継ぎがよく時間が読めるため、空港にはあまり早く入りません。結局、お土産を選んでいる時間がなく素通りしてしまうのがもったいないのですが。

ＬＣＣのなかでも、スカイマークは羽田空港を使えます。価格はほかのＬＣＣより少し高めですが、座席はＲＥＣＡＲＯというＪＡＬやＡＮＡと同じメーカーの（たぶん少し安いグレード?）ものが使われていて、普通に座っていられます。コーヒーなどの機内サービスが省かれることと、ターミナルの一番隅っこに受付カウンターがあるのが主立って違うところです。

・どこの空港に利便性があるか

成田空港発着のＬＣＣを使うとき、羽田より交通費がかかると思いがちですが、東京駅から成田空港まで予約しておけば９００円で高速バスに乗れます。時間に余裕をもってバスに乗ってしまえば、後は寝ていても第3ターミナルまで連れていってくれます。

空港で時間に余裕があってゆっくり過ごしたいときは、第2ターミナルを使うのがよいと思います。第3ターミナルは簡素なつくりなので、ゆっくり過ごすような雰囲気はありません。

ただ第3ターミナルのフードコートは比較的安く、早朝4時から夜9時まで開いています。24時間営業のコンビニではアルコールも販売していますが、機内にはもち込めません。ただLCCの飛行機内は飲み物や食べ物が有料なので、ここで調達しておけば安上がりです。ATMもありますので万が一現金に不足があっても大丈夫です。

成田発着のジェットスターがありますが、那覇空港で倉庫にまで連れていかれることがないことと、便数が比較的多いのがほかと違ってよいところです。

ただし、スカイマークとは座席が決定的に違い、長時間ではとても疲れます。預ける荷物があると料金がかかり、重さで金額も高くなっていきます。

インターネットでカード決済をするとまた手数料を取られ、家族で揃って座りたいと思うと座席指定の料金がかかり、飛行機が遅れたり飛ばなかったときに見舞金を受け取るオプションや便を変更できるオプションなどを選んでいくと、ドンドン料金が上がっていきます。「自分ひとりで荷物も少なく、単に移動するだけで運悪く飛ばなくても笑ってすませられる」という余裕のあるときなら、安上がりでとてもよいと思います。

ピーチやバニラエアも格安ですが、便数が少ないです。

「座席が狭く悪くても気にしない」「倉庫に連れていかれることなんてどうせただの移動手段なので苦にならない」「そういうことも経験として楽しめる」というワイルドな方や、何回も移動を繰り返す方にとっては魅力があるでしょう。

何より余計なものを削ると、ここまで安くなるのかというお手本のようで、ほかの航空会社が独占して無駄に高い料金になることを防いでくれています。

下見に使うのに最適なのはやはりＬＣＣでしょう。

基本的には、格安な飛行機の時間に合わせられるかどうか、その時々の都合に合う航空会社を選ぶのがよいのでしょう。

沖縄に移住先を探す目的で来るだけでも、とても素敵な時間が過ごせることでしょう。まだ移住が実現しないにしても、ただ観光地を回るだけの旅行では味わえない楽しさがあるはずです。

あとがき

この本を最後まで読んでくださり、ありがとうございました。

私の沖縄移住を思い返すと、最初は、周囲からの反対を受け、後ろ向きで不安な気持ちがありました。しかし現在は、家族で楽しく生活を送っています。

有名な経営コンサルタントの大前研一さんの名言があります。

「人間が変わる方法は3つしかない。時間配分を変える。住む場所を変える。付き合う人を変える」

私は、その「時間配分」「住む場所」「付き合う人」すべてを変えたことになります。

自分にとってよい環境に身を置くためには、自ら積極的に行動していくことが大切だと、この移住で実感しました。

移住を考えながら旅行をすると、普通の旅行では得られないものが得られます。

民泊などを利用して、まるでそこに住んでいるように過ごしてみると、地元の人たちとの交流が生まれます。たとえその土地に移住しなかったとしても、貴重な体験ができるはずです。

発想を転換できるきっかけにもなります。

閉塞感を抱いていた自分の人生に、光が差し込むかもしれません。そうすれば、曇っていた表情も明るくなり、よい出会いに恵まれるようになるのです。

最後に、企画を引き出し、出版の機会まで与えてくださった出版プロデューサー・ネクストサービス株式会社代表取締役の松尾昭仁様、私の執筆に一から丁寧に最後まで温かくご指導くださった合同フォレスト株式会社の山中洋二様、編集部のみなさん、支えてくださった多くの方々にこの場を借りて厚くお礼を申し上げます。

この本を手に取ったみなさんが、笑顔溢れる豊かな人生を過ごせることを祈っております。

2016年8月

峯田　勝明

巻末資料
【沖縄移住生活便利帳】

●就職相談

名　称	場　所	連絡先	対応時間
・ジョブカフェ	〒904-0004 沖縄市中央3丁目15番5号（2階）	電話： 098-938-6511 FAX： 098-938-6501	月～金曜日 8:30～17:30
・特定非営利活動法人フロム沖縄推進機構	〒901-0152 那覇市小禄1831番地1 沖縄産業支援センター5階505号	電話： 098-859-1831 FAX： 098-859-1832	
・うるま市「就活サポートであえ～る」	〒904-1103 うるま市石川赤崎2丁目20番地1号 IT事業支援センター2号館	電話： 098-923-1507 FAX： 098-923-1508	月～金曜日 8:30～17:15 水曜日 8:30～19:00 第2・4土曜日 8:30～17:15
・そのほか、各役所窓口			

●緊急時の「託児・送迎」サービス

名　称	場　所	連絡先	対応時間
・那覇市ファミリー・サポート・センター	〒901-0155 那覇市金城3丁目5番地の4（那覇市総合福祉センター2階）	電話： 098-857-8991（直） FAX： 098-859-8388 ※那覇市社協（098-857-7766）への連絡もどうぞ	月～金曜日 9:00～18:00
・沖縄市ファミリー・サポート・センター	〒904-0004 沖縄市中央3丁目15番5号（1階）	電話： 098-921-1234 FAX： 098-939-6477	毎日 8:30～18:00
・沖縄市ファミリー・サポート・センター「キラキラROOM」	〒904-8501 沖縄市仲宗根町26-1（沖縄市役所1階ロビー内）	電話： 098-929-3362	月～金曜日 8:30～17:15
・北谷・嘉手納・北中城ファミリー・サポート・センター	〒904-0116 中頭郡北谷町 北谷1丁目12番11号 101号室	電話： 098-989-9763 FAX： 098-989-9764	月～金曜日 9:00～17:30 閉所日時： 土曜、日曜、祝日、年末年始
・やんばる町村ファミリー・サポート・センター	〒900-0017 名護市大中3-9-1 官公労2階	電話&FAX： 0980-43-0232	月～金曜日 9:00～17:30 （電話受付 17:30～21:00、 6:30～9:00）

●緊急時の「託児・送迎」サービス

名　　称	場　　所	連絡先	対応時間
・与那原・西原・中城ファミリー・サポート・センター	〒901-1304 島尻郡与那原町東浜97-1　オーシャンブルーII　101号室	電話： 098-988-1914 FAX： 098-988-1924	月～金曜日 9:00～17:30 閉所日時： 土曜、日曜、祝日、年末年始
・読谷ファミリー・サポート・センター	〒904-0312 中頭郡読谷村字比謝矼55番地（比謝矼複合施設内1階）	電話： 098-953-3525 FAX： 098-953-3526	月～金曜日 8:45～17:15 閉所日時： 土曜、日曜、祝日、年末年始

●気象警報・注意報

名　　称	URL
・国土交通省　防災情報提供センター（沖縄本島地方）	http://www.jma.go.jp/jp/bosaijoho/m/warn/area/111/353all.html

●救急指定病院

名　称	場　所	連絡先
・浦添総合病院	〒901-2132 浦添市伊祖4-16-1	電話： 098-878-0231
・大浜第一病院	〒900-0005 那覇市天久1000	電話： 098-866-5171
・沖縄県立中部病院	〒904-2293 うるま市宮里281	電話： 098-973-4111
・沖縄県立南部医療センター・こども医療センター	〒901-1193 島尻郡南風原町字新川118-1	電話： 098-888-0123
・沖縄県立北部病院	〒905-8512 名護市大中2-12-3	電話： 0980-52-2719
・沖縄県立宮古病院	〒906-0013 宮古島市平良字下里427-1	電話： 0980-72-3151
・沖縄県立八重山病院	〒907-0022 石垣市字大川732	電話： 0980-83-2525
・沖縄赤十字病院	〒902-8588 那覇市与儀1-3-1	電話： 098-853-3134
・沖縄第一病院	〒901-1111 島尻郡南風原町字兼城642-1	電話： 098-888-1151
・宜野湾記念病院	〒901-2211 宜野湾市宜野湾3-3-13	電話： 098-893-2101

●救急指定病院

名　称	場　所	連絡先
・中部徳洲会病院	〒901-2393 中頭郡北中城村アワセ土地区画整理事業地内2街区1番	電話： 098-932-1110
・豊見城中央病院	〒901-0243 豊見城市字上田25	電話： 098-850-3811
・中頭病院	〒904-2195 沖縄市知花6-25-5	電話： 098-939-1300
・那覇市立病院	〒902-8511 那覇市古島2-31-1	電話： 098-884-5111
・南部徳洲会病院	〒901-0493 島尻郡八重瀬町字外間171-1	電話： 098-998-3221
・南部病院	〒901-0362 糸満市真栄里870	電話： 098-994-0501
・ハートライフ病院	〒901-2492 中頭郡中城村字伊集208	電話： 098-895-3255
・北部地区医師会病院	〒905-8611 名護市字宇茂佐1712-3	電話： 0980-54-1111
・牧港中央病院	〒901-2131 浦添市字牧港1199	電話： 098-877-0575
・琉球大学医学部附属病院	〒903-0215 中頭郡西原町字上原207	電話： 098-895-3331

【著者プロフィール】
峯田　勝明（みねた・かつあき）
沖縄マインズ株式会社代表取締役

1965年、埼玉県生まれ。

立ち会い出産を経験し、育児の時間を確保するために会社勤めを辞めて自営業をはじめる。

3人目の子どもを自宅出産したことを機に、妻の助産師への挑戦をサポートすることを決意。

自営業も軌道に乗ってきたころ、3.11東日本大震災で大打撃を受け廃業。福島第一原発事故の放射能汚染から家族の健康を守るため、2012年沖縄に家族全員で移住し、就職に再挑戦。

求職と雇用のミスマッチを解消するBPOオフィスワーク講座に参加し、沖縄に進出したばかりのコールセンターに管理者として就職。教育や指導も任される。

40歳後半、業界未経験で管理者となった成功事例として、就職情報誌に記事が掲載された。

再度起業し、2015年4月、水溶性珪素の卸･販売店「沖縄マインズ株式会社」を設立。ＦＭよみたん「プレジデントフライデー」、ＦＭコザ「ビジネス天国沖縄」に出演。精力的に活動し、多くの人に癒しを届けている。

現在、助産師の妻と２女１男の家族で暮らしている。

企画協力　ネクストサービス株式会社　代表取締役　松尾 昭仁
組　版　森 富祐子
装　幀　株式会社クリエイティブ・コンセプト

幸福度No. 1☆「沖縄移住」でワクワク楽園生活！
―ツテなし・カネなし・資格なし　ゼロからはじめた私の方法

2016年9月10日　第1刷発行

著　者　峯田　勝明
発行者　山中　洋二
発　行　合同フォレスト株式会社
郵便番号　101-0051
東京都千代田区神田神保町1-44
電話　03(3291)5200／FAX　03(3294)3509
振替　00180-9-65422
ホームページ　http://www.godo-shuppan.co.jp/forest
発　売　合同出版株式会社
郵便番号　101-0051
東京都千代田区神田神保町1-44
電話　03(3294)3506／FAX　03(3294)3509
印刷・製本　株式会社シナノ

■刊行図書リストを無料進呈いたします。
■落丁・乱丁の際はお取り換えいたします。

ISBN 978-4-7726-6073-0　NDC360　188×130